습관은 반드시 실천할 때 만들어 집니다.

좋은습관연구소가 제안하는 25번째 습관은 "광고 읽는 습관"입니다. 좋은 광고를 만들기 위해서는 '좋은 광고'를 자주 보고 분석해보는 것만큼 좋은 습관도 없습니다. 오랫동안 현장과 학계에서 활동한 김병희 교수의 시선을 쫓아 광고 읽기를 해보겠습니다. 광고 기획을 하는 크리에이터, 광고에 관심 많은 일반인들, 메시지를 효과적으로 표현하고 전달하는 법을 익히고자 하는 마케터 분들에게 이 책은 아이디어의 보물섬 같은 역할을 할 것입니다.

김병희
교수의

'파는' 광고에서
'모이게 하는' 광고

광고

김병희 지음

읽는 습관

TREND ————————

NEWTRO ————————

COVID-19 ————————

SEASON ————————

HUMOR ————————

좋은습관연구소

서문 _____
광고 읽는 '핵심 습관' 하나씩

미디어 환경이 디지털 기반으로 급변함에 따라 광고의 본질이 '널리 알리는 목적'에서 '폭넓게 모이게 하는 목적'으로 달라졌다. 광고의 기능도 '미디어를 통한 메시지의 전달'이라는 전통적인 관점에서 '콘텐츠를 매개로 한 플랫폼에서의 만남'이라는 관점으로 새롭게 변모하고 있다. 지금까지 많은 책에서는 광고가 상품과 브랜드를 판매하기 위한 수단이라는 전통적 관점에서 광고를 해석했다. 맞는 말이다. 당연히 광고는 상품과 브랜드의 판매에 기여해야 한다. 그렇지만 광고에서 원론적인 기능만 주목한다면 지금의 광고 트렌드와는 사뭇 다르다. 그리고 그런 관점은 디지털 시대의 광고 현상과도 맞지 않다.

우리는 하루 24시간을 넘어 1년 365일 내내 광고의 홍수 속에서 살고 있다. 아침에 눈을 떠 저녁에 잠들 때까지 무의식적으로 켜는 텔레비전에서, 출근하면서 듣는 라디오에서, 지나가는 버스 옆면에서, 그리고 수시로 열어보는 스마트폰에서 광고 콘텐츠와 마주한다. 광고는 상품 판매의 수단이라는 전통적인 관점을 넘어 동시대의 트렌드를 반영한 문화 콘텐츠로 자리 잡았다. 광고 콘텐츠에 나타난 이미지는 시대의 욕구를 반영하기도 하지만, 없던 욕구나 새로운 유행을 광고 콘텐츠가 먼저 만들어 제시하기도 한다. 이처럼 광고를 전통적 관점에서 읽지 않고 사회문화 콘텐츠로 읽어야 한다는 관점의 변화가 이 책의 출발점이다.

이 책에서는 5개의 키워드를 뽑고 구체적인 광고 사례를 제시하며 요즘 광고 읽기를 했다(간혹 옛날 광고를 소환하기도 했다). 모두 5부로 구성된 이 책의 내용을 안내하면 다음과 같다.

1부 '트렌드 – 달라진 세상에 적용하는 광고'에서는 급변하는 사회 환경에서 광고 콘텐츠가 어떻게 바뀌고 있는지 살펴보았다. 명화에서 사라져버린 주인공을 통해 주52시간 근무제와 삶의 질 향상 문제, 사람 대신 인공지능이 광고 아이디어를 내는 광고계, 구독(구용) 경제가 아닌 곳이 없는 최근의 경제 상황과 여성이 주도하는 우머노믹스 현상, 메타버스와 만난 광고 사례, 뒷광고의 문제와 인플루언서의 태도 문제, 웹소설(나아가 웹툰)이 만드는 새로운 시장 그리고 예술 주입 마케팅의 바람직한 방향을 살펴보았다.

2부 '뉴트로 – 실패 없는 복고 감성 광고'에서는 과거의 향수를 자극하는 콘텐츠가 방송을 비롯한 대중문화 영역에서 인기를 끌고 있는 현상을 짚어보고 어떻게 광고에 활용되었는지 살펴보았다. 옛 것에 새것을 더하는 뉴트로의 융합적 특성, 영상 광고에 나타난 트로트 열풍의 진원지, '할메니얼' 식품이 폭발적인 인기를 누리는 현실적인 이유 그리고 "라떼는 말이야~"라는 말이 어떻게 유행하게 되었는지 살펴보았다. 과거와 현재를 오가며 사람들의 마음을 사로잡는 광고 콘텐츠만의 숨은 전략이 무엇인지 확인해 볼 수 있다.

3부 '코로나19 – 위기를 기회로 만드는 광고'에서는 코로나 시대를 맞이해 기업과 공공기관들이 어떻게 대처해왔는지 살펴보았다. 사회적 거리두기로 힘들어할 때 브랜드를 비틀어 웃음거리를 선사한 모창법의 묘미, 손 씻기의 중요성을 설파하는 질병관리본부의 광고 그리고 공익광고를 재활용하는 방안에 대해 검토해 보았다. 코로나19가 점화시킨 온라인 쇼핑과 배송 전쟁은 광고 영역에서 어떻게 전개되었는지 알아보고, 코로나19 이후 달라지게 될 광고 크리에이티브의 내일을 전망해보았다.

4부 '시즌 – 해마다 찾아오는 광고'에서는 계절마다 반복되는 광고를 어떻게 하면 상투적이지 않고 새로운 느낌으로 전달할 수 있는지 살펴보았다. 새해나 크리스마스처럼 특별한 날에 빠지지 않는 주류들은 광고를 어떻게 해왔는지, 연중 최대의 광고 행사라 할만한 미국의 슈퍼볼 광고에서 선호도 1등을 한 광고는 무엇인지 확인할 수 있다. 그리고 코로나19 시기에 고향 방문을 자제해 달라는 지자체들의 기발한 추석 광고도 흥미롭게 감상할 수 있다.

5부 '유머- 즐거워서 더 잘 기억하는 광고'에서는 일상생활에서 무거운 말만 늘어놓기보다 재미있게 말장난을 하면서 발길질하듯 '말길질'을 늘어놓을 때 사람들이 모인 자리가 더 유쾌해진다는 최근 광고의 가장 큰 흐름인 유머의 활용에 대해 설명했다. 대혼란을 일으킨 만우절 광고, 일반인들이 참여함으로써 재미가 더 깊어진 광고, 몬더그린(엇들기)의 유쾌함과 언어유희로 만든 광고의 재미에 대하여 두루 살펴보았다. 재미와 유머가 과연 어디까지 가능한지 가늠해볼 수 있다.

뉴욕타임스의 기자 출신인 찰스 두히그(Charles Duhigg)는 저서 『습관의 힘』(2012)에서 '핵심 습관'이란 개념을 제시했다. 개인의 삶이나 조직 활동에서 연쇄적인 반응을 일으킬 수 있는 중요한 습관이 바로 핵심 습관이다. 핵심 습관의 좋은 사례로 운동 습관을 들 수 있는데, 꾸준한 운동이 연쇄

반응을 일으켜 한 사람의 인생을 완전히 바꿔버린 사례를 우리는 종종 마주할 수 있다.

나는 광고를 볼 때도 상품 판매의 수단이라는 기존의 관점에서 벗어나 자기만의 핵심 습관을 정해 광고를 읽어보라고 강조하고 싶다. 나는 그 예로써 "트렌드" "뉴트로" "코로나19" "시즌" "유머"라는 다섯 가지 키워드(습관)를 제시했다. 이 키워드는 매년 바뀔 수도 있고 몇 년간 지속될 수도 있다. 그런 관점에서 나는 이 책을 "광고 트렌드를 읽는 습관"이라고 불러도 무방하다고 본다. 그리고 이 키워드는 광고를 읽는 사람에 따라 얼마든지 달라질 수 있다. 제목에 "김병희 교수의"라고 덧붙인 이유도 그 때문이다.

이 책에서는 광고를 사회문화 콘텐츠로 읽어야 한다고 시종일관 주장했다. 손에 잡히는 대로 어떤 페이지를 읽더라도 광고가 단순히 어떤 제품의 홍보와 구매를 위해서만 존재하지 않는다는 것을 알게 된다. 광고를 전공하는 학생들과 기업의 경영자와 광고 담당자는 물론이고 광고회사에서 일하는 7만 광고인들이 이 책을 통해 광고를 읽는 자신만의 '핵심 습관'을 가져보기를 기대한다.

2022년 11월
김병희

차례

1부   트렌드 - 달라진 세상에 적응하는 광고

2부   뉴트로 - 실패 없는 복고 감성 광고

3부 코로나19 - 위기를 기회로 만드는 광고

4부   시즌 - 해마다 찾아오는 광고

5부   유머 - 즐거워서 더 잘 기억하는 광고

1부 –
트렌드

달라진 세상에
적응하는 광고

TREND _____

NEWTRO _____

COVID-19 _____

SEASON _____

HUMOR _____

칼퇴 해버린 고흐와 모나리자

광고는 사회의 흐름을 민감하게 반영한다. 법정 근로시간을 일주일에 68시간에서 52시간으로 줄이자는 '주52시간 근무제'가 2018년 7월부터 시행되었다. 이 제도는 야근을 밥먹듯이 하던 대다수 직장인들의 관심을 끌었지만 이런저런 이유 때문에 쉽게 자리를 잡지 못했다. 직장인 스스로도 인식을 바꾸지 못해 퇴근 무렵이면 여전히 상사의 눈치를 봤고, 일은 언제 하느냐는 비판 여론도 많아 정시에 퇴근하기가 여전히 어려웠다. 일과 삶의 균형을 찾자는 워라밸(Work and Life Balance)이란 말이 유행해도 새로운 제도는 공허한 메아리일 뿐이었다. 우리 사회는 줄곧 출근의 중요성만 강조해왔지 퇴근 시간은 그다지 중시하지 않았다.

모두가 '저녁이 있는 삶'을 동경하면서도 실제로 그렇게 살아가기가 쉽지 않은 한국 사회에서 퇴근도 출근처럼 중요하다는 사실을 모두에게 일깨워준 광고 캠페인이 있다.

오비맥주 레드락(Red Rock)의 광고 '퇴근하겠습니다' 편 (2018)은 워라밸의 가치를 지향하며 주52시간 근무제를 실천하자는 사회 캠페인이다. 모든 직장인이 칼 퇴근을 꿈꾸지만 잘 지켜지지 않는 현실을 개선하기 위해 퇴근에 대한 인식의 변화를 촉구했다.[1] 광고에는 정시에 퇴근해서 맥주 한 잔 하라는 내용은 없지만 정시 퇴근 후에 사람들이 더 자주 맥줏집에 들를 수 있다는 점을 활용해 광고 아이디어를 뽑았다. 더욱이 52시간만 일하자는 내용을 직접 주장하지 않고, 널리 알려진 명화(名畫)를 활용해 간접 화법으로 표현함으로써 메시지의 설득력을 높였다.

광고 기획자들은 캠페인을 전개하기에 앞서 서울의 강남구, 서초구, 종로구, 마포구의 직장인들이 몰리는 곳곳에 LED 갤러리와 오프라인 갤러리를 설치했다. 일과 시간에는 갤러리에 저명한 명화가 그대로 전시되지만, 퇴근 시간인 오후 6시에는 명화 속의 주인공이 사라지는 형식이었다. 광고를 보게 되면 명화의 주인공이 사라진 자리에는 광고 카피가 떠오른다. 반 고흐의 그림 〈자화상〉을 활용한 '반 고흐' 편(2018)을 보면 원작의 위쪽에 "09:00-18:00"이라는

[1] HS Adzine (2021. 10. 26.). "발견을 연결하는 크리에이티브 디렉터: CD열전18 송하철 CD 인터뷰." HS Adzine. https://blog.hsad.co.kr/3143

시간 표시가 돼 있다가, 오후 6시만 되면 자화상 속의 고흐가 사라지고 시간 표시도 "18:00-09:00"로 바뀐다. 고흐가 사라진 자리에 "고흐도 퇴근했습니다. 고흐도 주52시간 근무제와 함께 합니다"라는 카피가 등장한다.

이 캠페인에서는 널리 알려진 명화를 여러 편 활용했다.

레드락의 광고 '퇴근하겠습니다: 반 고흐' 편 (2018)

"나폴레옹도 퇴근하겠습니다"(자크루이 다비드의 '알프스 산맥을 넘는 나폴레옹'), "모나리자도 퇴근하겠습니다"(레오나르도 다 빈치의 '모나리자'), "창조주도 퇴근했습니다"(미켈란젤로의 '천지창조'), "마루 깎는 사람들도 퇴근했습니다"(카유보트의 '마루 깎는 사람들'), "키스하던 연인도 퇴근했습니다"(클림트의 '연인'),

"이삭 줍는 여인들도 퇴근했습니다"(밀레의 '이삭 줍는 여인들'), "절규하는 사람도 퇴근했습니다"(뭉크의 '절규'), "비너스도 퇴근했습니다"(보티첼리의 '비너스의 탄생'), "예수님도 퇴근했습니다"(레오나르도 다 빈치의 '최후의 만찬') 같은 명화 속의 주인공들은 LED 갤러리와 오프라인 갤러리에서 날마다 출퇴근을 반복하며 직장인들에게 즐거움을 주었다.

레드락의 광고 '퇴근하겠습니다: 나폴레옹' 편과 청계천 이벤트 (2018)

레드락은 소셜미디어에도 광고 영상을 노출하며 '퇴근한 명화 주인공 맞추기' 이벤트를 진행했다. 오프라인 전시회에 참여한 소비자에게는 근처에 있는 레드락 매장의 쿠폰을 제공하기도 했다. 직장인 유동인구가 많은 지역의 건물

레드락의 광고 '퇴근하겠습니다: 예수님, 밀레, 보티첼리' 편 (2018)

엘리베이터, 버스 정류장, 쇼핑몰 등으로 디지털 옥외광고를 출퇴근 시간에 맞춰 노출하는 섬세함도 놓치지 않았다. 이밖에도 강남스퀘어를 비롯한 여러 공간에서 명화의 주인공으로 분장한 행위 예술가와 함께 퇴근 인증 샷을 찍는 명화 포토존을 운영했고, 퇴근 소망 메시지를 쓰는 행사도 기획해 사람들이 직접 해보는 참여형 프로그램도 가동했다. 도심 속 갤러리에서 창의적인 아이디어로 시도된 이 캠페

레드락의 광고 '퇴근하겠습니다: 모나리자' 편과 강남역 이벤트 (2018)

인은 온라인과 오프라인을 넘나들며 다채롭게 전개됐다.

이 캠페인은 수입 맥주와 수제 맥주가 늘어나 다원화된 맥주 시장에서 기존의 라거보다 진한 '앰버라거'를 알리는 데 기여했다. 직장인들이 퇴근하고 마시는 맥주 한 잔은 술 이상의 그 무엇이다. 직장에서 회식할 때 억지로 술 마시는 것을 싫어하는 사람도 친한 사람과는 술을 마신다. 레드락 은 그런 사람들의 저녁이 있는 삶을 응원하고자 했고, 그렇 게 해서 '명화 주인공의 퇴근'이라는 아이디어가 나왔다. 한 번도 퇴근하지 않고 그림 속에만 머무르던 명화 주인공이 오후 6시만 되면 퇴근한다는 기발한 발상이 놀랍다.

캠페인에 대한 사람들은 반응은 기대 이상이었다. 캠페 인의 효과를 조사한 결과, 브랜드 인지도는 6%, 브랜드 호 감도는 73.8%가 증가했고, 응답자의 69.4%가 레드락을 마 셔보겠다는 의향을 나타났다. 또한 응답자의 79.4%가 주 52시간 근무제를 정착시키는데 적극 동참하겠다고 했고,

73%가 주52시간 근무제가 필요하다고 응답했다. 명화 속 주인공의 당당한 퇴근이라는 참신한 아이디어가 뒷받침되었기에 레드락의 판매량도 2017년에 비해 78%나 급상승했다.

이 캠페인은 주52시간 근무제의 가치를 우회적으로 강조함으로써, 사회 구성원들에게 일과 삶의 균형 감각을 유지하기 위해 정시에 퇴근하자는 생활 문화를 정착시키는데 기여했다. 이처럼 잘 만든 광고는 상품 판매에 기여해야 한다는 광고의 본질적인 기능을 넘어 우리가 살아가는 사회와 문화에도 큰 영향을 미친다. 일주일에 52시간 동안 일할 때는 정말 열심히 일하고 쉴 때는 다 잊고 푹 쉬는 생활문화가 정착돼, 앞으로 우리 모두의 '삶의 질'이 더 높아지기를 바란다.

인공지능이 광고 아이디어까지 낸다

인공지능(AI)이란 말은 이제 누구나 아는 일상어가 됐다. 2016년 3월, 사람과 인공지능의 바둑 대결에서 알파고(AlphaGo)가 이세돌에게 4승 1패로 승리한 다음부터 인공지능은 세계적인 주목을 받았다. 인공지능이 그토록 발전했나 싶어 모두가 놀라워했지만 인공지능이 인간의 영역을 침범할지도 모른다는 위기의식도 팽배했다. 그렇다면 인공지능이 창의성 분야에는 어떤 영향을 미칠 수 있을까?

2016년 4월, 일본 광고계에서는 흥미로운 실험을 했다. 일본의 껌 브랜드인 클로렛츠(クロレッツ, Clorets) 민트탭을 놓고, 인간 크리에이터 디렉터(CD)와 인공지능 CD가 아이디어 대결을 펼쳤다. 인간 CD와 AI-CD가 광고를 만들어 창의성의 우열을 가렸던 것이다. 대결 규칙은 간단했다. "즉효 입 상쾌히, 10분간 지속되는(速攻お口スッキリ, 10分長續き)"이라는 키워드를 살려 각각 광고를 만들어 국민투표를 거쳐 승자를 결정하는 방식이었다.[2] 일본에서는 과자 같은 주전부리나 식품을 '입의 연인(お口の戀人)'이라고 하는데, 그래서 모두에게 친숙한 껌이 대결 상품이 됐다.

인간CD와 인공지능CD의 광고 대결 장면 (출처: 宣伝會議 AdverTimes)

각각의 아이디어를 바탕으로 두 편의 광고가 완성됐다. 여러분도 어떤 광고가 더 창의적인지 한번 평가해보라. '푸른 하늘(靑空)' 편에서는 한 여성이 푸른 하늘 아래서 드넓은 도화지에 클로렛츠 민트탭의 광고 카피를 붓글씨로 써 내려가는 장면을 보여준다. 카피는 짧은 한 줄이다. "즉효

2   宣伝会議 (2016. 8.). "人工知能CDと人間CDがCM対決！その結果は？" ブレーン. https://mag.sendenkaigi.com/brain/201608/up-to-works/008484.php

클로렛츠의 광고 '푸른 하늘' 편 (2016) 　　클로렛츠의 광고 '도시' 편 (2016)

입 상쾌히 10분간 지속되는- 클로렛츠 민트탭." 그에 비해 '도시(都會)' 편에서는 개 한 마리를 등장시켜 클로렛츠 민트탭을 찾아낸 개의 기쁨을 표현했다. 카피는 이렇다. "자막) 난, 도시에 시달리는 개~", "성공-!", "그-러-니 즉시 상쾌히 씻어내고", "입 상쾌히 자유롭게", "즉효 입 상쾌히

10분간 지속되는", "와우-!", "클로렛츠. 즉효 입 상쾌한 민트탭." 두 편의 광고를 보여주고 나서 9월 초에 결과를 발표했다. 어떤 광고에 대한 반응이 더 좋았을까? 어느 쪽이 사람의 아이디어로 만든 광고이고, 어느 쪽이 인공지능의 아이디어로 만든 광고일까?

AI-CD가 만든 광고는 광고회사 맥켄(McCann)의 도쿄 지사에서 개발한 인공지능 CD 베타(AI-CD β)가 있었기에 가능했다. 베타는 10년 동안의 광고상 수상작을 분석해 소비자들이 화려하고 직관적인 메시지를 선호한다고 판단하고, 빅데이터 알고리즘으로 그에 알맞게 아이디어를 냈다. 인간 CD는 서정적이고 은유적인 아이디어로 광고를 만들었다. 붓글씨 쓰는 광고를 사람이 만들었고, 개가 등장하는 광고는 인공지능 CD 베타의 아이디어를 바탕으로 사람이 마무리 했다. 9월에 투표 결과를 종합하자 54% 대 46%라는 근소한 차이로 인간 크리에이티브 디렉터인 구마모토 미쓰루(倉本 美津留)가 승리했다.[3]

비록 인공지능이 근소한 차이로 졌지만, 세계 최초로 이루어진 인간과 인공지능의 아이디어 대결이었다. 인공지능

3   YouTube (2017. 9. 28.). "A. I. vs. Human Creative Battle." https://www.youtube.com/watch?v=CV5KvMust0Y

알고리즘을 활용한 아이디어 발상의 가능성을 보여준 대사건으로 인간의 달 착륙에 비견할 만했다. 우리나라의 TV 방송에서도 이 광고 두 편에 대한 투표를 진행했다. KBS1-TV의 〈명견만리〉 프로그램(2017. 4. 21)에 나왔던 미래참여단은 베타의 아이디어인 '도시' 편에 오히려 25표나 더 많은 표를 주었다.[4] 뜻밖의 놀라운 결과였다.

2016년 4월 1일, 광고회사 맥켄의 도쿄 지사에 크리에이티브 디렉터로 입사(?)한 'AI-CD β'는 10년 동안의 광고상 수상작 외에도 수많은 광고물의 구조를 분석해 정해진 규칙대로 데이터를 저장했다. 베타는 광고 목표와 메시지 전략에 따라 데이터베이스에서 수시로 그동안 아이디어를 꺼내고 크리에이티브 방향을 제시하는 능력까지 갖췄다.[5]

그동안 아이디어를 평가할 때 경험에 비춰 딱 보면 안 다는 암묵지(暗黙知)가 통했다. 조금은 애매한 블랙박스 같은 지식이었다. 그러나 이제는 인공지능 CD가 등장했으니 아이디어 발상이나 평가 과정에서 암묵지는 통하지 않고 객관화 될 가능성이 더 커졌다.

4   KBS1-TV (2017. 4. 21.). "명견만리: 로봇 시대, 인간의 자리는?" KBS1-TV.

5   宣伝会議 ブレーン編集部 (2017. 9. 14.). "'クロレッツ ミントタブ'のCMをAIと人間で制作してみたら: 世界初の人工知能クリエイティブディレクター'AI-CD β'." AdverTimes (アドタイ). https://www.advertimes.com/20170914/article257453/2/

인공지능 CD 베타 (2016)

　지금 인공지능은 광고 창작은 물론이고 콘텐츠 산업 분야로도 영향력을 확장하고 있다. 동아시아 국가인 일본과 중국에서는 인공지능의 활용 속도가 더 빠르다. 이미 AI 카피라이터가 광고 카피를 쓰고 있다. 일본의 광고회사 덴츠(電通)에서는 2017년 5월에 인공지능 카피라이터 AICO를 선보였다. 아이코는 'AI Copywriter'의 약자로 일본어로 귀여운 여자아이라는 뜻도 된다.[6] 일본의 한 신문사가 광고를 의뢰하자, AICO는 블로그와 뉴스 사이트에서 신문 광고에 대해 방대한 자료를 학습한 후 멋진 광고 카피를 써냈다.[7]

6　狩野 芳伸, AICO, 福田 宏幸, 堤 藤成 (2017. 5. 18). "AIコピーライター、AICOだよ." 電通報. https://dentsu-ho.com/articles/5128

7　김미경 (2020). "인공지능과 광고." 김현정 외 (2020). 『스마트 광고 기술을 넘어서』. 서울: 학지사. pp.85-110.

2018년 12월에는 디지털 분야에 특화된 카피라이터 다이렉트 아이코(Direct AICO)를, 2019년 5월에는 덴츠의 자회사인 덴츠디지털에서 '어드반스트 크리에이티브 메이커'를 개발했다. 인공지능이 광고 샘플을 대량으로 만들어 광고 효과가 높을 것 같은 아이디어를 판정해서 최종 노출하는 배너광고 제작 시스템이다.

중국 알리바바(阿里巴巴) 그룹 산하의 디지털 마케팅 광고 플랫폼인 알리마마(阿里媽媽)에서는 2018년에 1초에 2만 줄의 광고 카피를 쓰고 튜링테스트(Turing test)를 통과한 인공지능 카피라이터를 개발하는데 성공했다.[8] 제품 페이지에 링크를 삽입하고 카피의 어조를 선택한 다음 버튼을 누르면, AI 카피라이터가 순식간에 수만 개의 카피를 쏟아낸다. 실로 경이로운 물량인데, 사람은 그 중에서 좋은 카피를 고르기만 하면 된다.

인공지능에게 인간이 지배당할 것인지 아니면 함께 공존할 것인지에 대한 논쟁은 이제 무의미해졌다. 일상생활에서도 그렇지만 창의성 분야에서도 인공지능의 기능을 결코 도외시하기 어렵게 됐다. IBM의 최고경영자인 지니 로

---

8   김명희 (2018. 7. 4). "알리바바, 인공지능(AI) 카피라이터가 초당 2만줄 카피 작성." 전자신문. https://www.etnews.com/20180704000462

메티는 인공지능 시대에는 블루칼라도 화이트칼라도 아닌 '뉴 칼라(New Collar)' 계층이 떠오른다고 말했다. 뉴 칼라란 인공지능을 이해하고 관리하고 활용할 줄 아는 사람을 말한다. 다시 말해서 인공지능을 활용하는 사람만이 앞으로 더 나아갈 수 있다는 뜻이다. 바둑계에 알파고가 있다면 광고계에는 AI 크리에이터가 이미 활동하고 있다. 우리들의 일상생활은 물론 산업 곳곳에서 경천동지(驚天動地)할만한 놀라운 변화가 이미 시작되고 있다.

구용(구독) 경제 아닌 곳이 없다

신문 구독이나 잡지 구독 같은 말은 오랫동안 들어왔지만, 자동차 구독이란 말은 비교적 최근에 등장했다. 우리네 일상생활에서 '구독'이란 말을 쓰는 빈도가 높아지면서 바야흐로 구독 경제(Subscription Economy)의 시대가 왔다고 한다. 구독 경제란 신문이나 잡지를 구독하는 것처럼 일정 기간 비용을 지불하고 상품이나 서비스를 이용하는 경제활동 전반을 일컫는 용어이다.

기아자동차가 만든 '기아 플렉스 프리미엄'의 광고 '구독' 편(2019)에서는 마치 신문을 구독하듯 자동차를 구독하라고 권유한다. 이 광고에서는 애인과 이별하고 나서 기분이 울적할 때, 맘에 쏙 드는 수트를 만났을 때, 가족 모임을 앞두고 있을 때, 그때마다 마음에 끌리는 차로 바꿔 타라고 권유한다. 자동차를 휴대전화처럼 약정해서 이용하는 기아 플렉스 프리미엄(KIA Flex Premium)의 혜택을 알렸다. 교통수

단에 대한 전통적인 관념을 무너뜨리고, 차량 소유가 아닌 공유 가치에 대한 새로운 인식이 시작된 것이다.

광고가 시작되면 한 남자가 차안에서 우울한 표정을 짓고 있다. 잠시 후 "그녀와 헤어졌다. 차나 한번 바꿔볼까?"라는 카피가 나온다. 남자는 언제 이별을 했느냐는 듯이 새 차를 몰고 도로를 질주하며 환호성을 지른다. 새 차 받은 날이 5일로 스마트폰 일정표에 뜨는데 며칠 지나지 않아 남자는 다시 생각한다. "간만에 맘에 쏙 드는 수트도 생겼는데... 차나 한번 바꿔볼까?" 신나게 다른 차를 모는 남자 모습이 클로즈업. 새 차를 탄지 얼마 안됐는데 가족 모임을 앞두고 있다. "삼촌, 우리 준비 다 됐어!"하는 조카의 전화를 받은 남자는 형네 가족을 다른 차에 태워다준다. "그래서 내가 차를 또 바꿨지!" 말이 채 끝나기도 전에 다시 나오는 카피가 놀랍다. "차나 한번 바꿔볼까?" 곧이어 "이제는 누구나 쉽게 이런 생각을 하도록" "월 구독으로 자유롭게 바꿔 타는- 기아 플렉스 프리미엄"이라는 핵심 메시지가 나오며 광고가 끝난다.

어떻게 필요할 때마다 자동차를 바꿔 탈 수 있을까? 구독 경제는 인류가 오랫동안 지속해오던 소유의 개념을 해체시키고 있다. 소비하는 방식도 소유에서 사용의 개념으로 바꾸고 있다. 처음에는 화장품 분야에서 시작됐지만 차츰

기아자동차 플렉스 프리미엄의 광고 '구독' 편 (2019)

정수기를 비롯한 생활용품 분야로 확산되었다. 그리고 멜론 같은 음원 스트리밍 서비스와 넷플릭스의 영화 구독을 넘어 책, 맥주, 예술 작품 분야로까지도 확대됐다. 2018년 12월에 발표된 '볼보의 새로운 홍보(Volvo's New Pitch)' 전략에서는 2025년까지 생산할 볼보자동차의 절반을 자동차 정기구독에 투입한다고 밝혔다. 우리나라에서는 2019년에 매달 일정액을 지불하면 정해진 차량 중에서 몇몇 자동차를 바꿔 탈 수 있는 서비스가 최초로 등장했다.

2022년 6월 현재, 우리나라에서 구독 경제를 추구하며 창업한 스타트업 만해도 400여 곳이 넘어섰다. 1인 가구를 겨냥해 생필품을 구독하게 하는 사업 전략이 거의 대부분이었다. 구독 경제라는 말을 창시한 티엔 추오(Tien Tzuo)는 엄청난 수익을 가져다줄 히트상품을 만들겠다는 구상은 낡은 비즈니스 모델이라고 비판하며, 이제 "가입자를 모아 반복적으로 매출을 창출해야 한다"는 명언을 남겼다. 그는 자신이 창업한 주오라(Zuora)를 구독 모델로 상장시켰다. 소유권(ownership)에서 사용권(usership)으로 권리 관계가 이동하는 상황에서, 앞으로 관련 서비스가 더 많이 등장할 것이다.

그런데 구독 경제라는 번역은 적절하지 않은 듯하다. 국어사전을 보면 구독(購讀)을 신문, 잡지, 책 따위의 간행물을 사서 읽음으로 풀이하고 있다. 살 '구(購)' 자에 읽을 '독

(讀)’ 자인 구독은 읽는 영역에만 해당되며 모든 상품 분야를 포괄하지 못한다. 읽는 영역 이외에도 자동차를 비롯한 여러 분야에 이 서비스가 적용되고 있으니, 좀 더 포괄적인 용어로 바꿔야 한다. 외국어를 번역할 때는 출발어와 도착어 문제를 늘 고민해야 한다. 영어를 우리말로 번역할 때, 영어는 출발어(source text, 원천어)이고 우리말은 도착어(target text, 목표어)이다.

영어 섭스크립션(subscription)은 우리말로 구독, 기부, 가입, 사용, 모금 같은 뜻이다. 그래서 구매(購買), 구입(購入), 구서(購書), 구독(購讀)에 공동적으로 쓰이는 ‘구’자를 살릴 필요가 있다. 그리고 ‘독’ 자는 읽는 영역에만 해당되는 말이니, 모든 제품이나 서비스를 사용할 수 있다는 점에서 쓸 ‘용(用)’ 자를 쓰는 걸 제안한다. 출발어는 같더라도 도착어는 현실에 가장 알맞게 의역하는 것이 현명하다. 다행히 영어의 우리말 뜻에 ‘사용’이라는 말이 있으니 ‘구용(購用)’이라고 해도 무방할 듯하다.[9] 세상의 모든 상품이나 서비스를 이용하기 위해 비용을 지불하는 가입자들은 읽기 위해 사는 ‘구독’ 행위만 하지 않고 다른 것도 쓰기 위해 사는 ‘구용’

9　김병희 (2021). “오티티(OTT)와 구용경제.” 『디지털 시대의 광고 마케팅 기상도』. 서울: 학지사. pp.89-102.

활동도 한다.

아무 쓸모도 없는 논문을 쓰는 것보다 번역을 하는 편이 훨씬 더 세상에 도움이 된다고 주장했던 요네하라 마리(米原万里)는 1998년에 "부실한 미녀인가 정숙한 추녀인가(不實な美女か貞淑な醜女か)"라는 화두로 번역의 어려움을 토로한 바 있었다. 번역가 김석희 선생도 일대 일로 번역하는 '성실한 추녀(醜女)'와 맥락을 고려해 번역하는 '불성실한 미녀(美女)' 사이에서 접점을 찾는 것이 번역의 성패라고 했다.[10]

구독 경제라고? 아니다, 구용 경제다. 원하는 무엇이든 소유하지 않고 접속해 쓸 수 있는 능력이나 권한인 사용권(usership)이 새로운 공유경제 개념의 정수이자 성장 동력이라는 점에서, 구용 경제란 말이 더 타당해 보인다. '구용 경제'에 대한 독자들의 지지를 기대한다.

---

10 김병희 (2019). "출발어는 같아도 도착어는 달라진다." 『광고로 배우는 경영 통찰력』. 파주: 한울엠플러스. pp.183-189.

우머노믹스 시대의 광고

여러 언론에서 발표한 '2021년 상장법인 성별 임원 현황 조사결과'를 보면 국내 상장기업 2,246개사의 전체 임원 32,005명 중 여성은 1,668명으로 전체 임원에서 여성 임원이 차지하는 비율은 5.2%로 나타났다. 다시 말해서 임원 1,000명에서 948명이 남성이라는 뜻인데, OECD 국가의 여성 임원의 비율 25%와 비교하면 우리나라에서는 여전히 '유리천장'의 벽이 높은 셈이다.[11] 정부는 이 자료를 발표하면서 우리 사회에 여전히 존재하는 여성의 차별 문제를 다시 부각시켰다. 여성 임원의 비율이 2020년에 4.5%였으니 조금은 올라갔다 해도 유리천장이 여전히 높다고 강조했다.

[11]　서지민 (2021. 8. 5.) "여전한 유리천장: 상장기업 여성 임원 100명 중 5명 꼴." 시사저널.

세계 최대의 화장품 회사인 프랑스의 로레알(L'Oréal)은 여성 임원의 차별 문제를 광고를 통해 부각시켰다. 1909년에 설립된 로레알은 현재 랑콤, 헬레나 루빈스타인, 조르조 아르마니, 메이블린, 비오템, 더바디샵 같은 다양한 브랜드를 가지고 있다. 로레알은 독일 기업에 여전히 만연되어 있는 여성의 불평등 문제를 환기하기 위해 2019년에 '립스틱' 편, '마스카라' 편, '네일 폴리쉬' 편이라는 시리즈 광고를 제작했다. 세 편의 광고에서는 여성 임원의 차별 문제를 화장품 소재로 표현했다.

"남성을 위한 광고(This is an Ad for Man)." 모든 광고에 공통으로 쓴 헤드라인이다. 광고 제작에 앞서 독일의 로레알은 광고회사 맥캔(McCann)의 독일 뒤셀도르프 지사와 공동으로 기업 임원의 성별 역할을 분석하는 연구 프로젝트를 진행했다. 분석 결과, 독일 기업의 경영진 91.4%가 남성이라는 사실이 밝혀졌다.[12] 그러면서 기업의 의사결정을 남성 임원이 주도했지만 여성 임원이 남성보다 유익한 성과를 내는 경우가 더 많다는 사실도 밝혀냈다. 이에 광고 창작자

---

12   John Glenday (2019. 4. 8.) "This Is For Men: L'Oreal Paris Unveils Clever Ads Calling For More Women in Leadership." The Drum. https://www.thedrum.com/news/2019/04/08/l-oreal-paris-turns-the-tables-men-with-female-empowerment-campaign

들은 조사 결과를 광고물에 반영하되, 창의적인 방식으로 메시지를 전달하기로 했다.

'립스틱' 편에서는 오른쪽으로 돌릴 때마다 립스틱이 솟아나는 정도를 여성의 할당 비율 0%, 10%, 20%, 30%에 비유해서 표현했다. 전체의 30% 정도 솟아오른 립스틱 옆에는 여성 임원 점유율이 늘어나면 수익성이 "+15%" 증가한다는 카피를 덧붙였다. 이 수치는 광고 창작자들이 상상해서 임의로 쓴 것이 아니었다. 여성 임원이 30%에 도달하면 수익성이 15% 증가한다는 조사 결과를 그대로 반영한 카피였다.

'마스카라' 편에서는 눈썹을 다듬는 마스카라 브러시의 길이가 짧은 모양에서부터 긴 모양으로 보이도록 배치하고 나서, 임원에 대한 직원들의 만족도가 남성보다 여성이 임원일 때 "+24%" 높다는 사실을 제시했다. 이 수치도 경영 평가에서 여성 임원이 남성보다 24% 더 높은 성과를 나타냈다는 조사 결과를 있는 그대로 반영한 것이다. 여성의 리더십이 남성 동료를 훨씬 능가한다는 메시지를 아름답고도 강렬하게 표현했다.

'네일 폴리쉬' 편에서는 매니큐어용 액체를 지면에 쏟아낸 다음 1월부터 12월까지 사이에 탁구채 모양으로 넓혀가는 장면을 묘사했다. 네일 폴리쉬(nail polish)란 매니큐어용

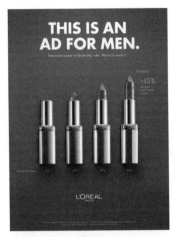

로레알의 광고 '립스틱' 편 (2019)

로레알의 광고 '마스카라' 편 (2019)

로레알의 광고 '네일 폴리쉬' 편 (2019)

에나멜이나 매니큐어 액이다. 여성 임원과 함께 특허를 출
원했을 때 "+20%" 이상 효과적이라는 사실을 흥미롭게 전
달했다. 이 광고 역시 여성 임원 비율이 높은 회사가 혁신
활동에서 20% 이상 성과가 높았다는 조사 결과를 반영해
서 만들었다.

광고가 노출되자 남녀를 불문하고 호감을 나타냈다. 의
견이 엇갈릴 수 있는 민감한 사안을 참신한 기법으로 표현
했다는 평가가 지배적이었다. 구체적인 조사 결과를 바탕
으로 빨강색 바탕에 립스틱, 마스카라, 네일 폴리쉬를 활용
해 여성 임원의 능력을 표현한 창의성이 뛰어난 광고였다.
남성을 위한 화장품 광고라는 헤드라인도 주목을 끄는 설
득 장치였는데, 독일 전역의 남녀 모두에게 성차별 문제를
강렬하게 환기하기에 충분했다.

실제로 광고회사의 남성 직원들이 광고 제작을 주도했
다. 그리고 그런 사실이 언론에 보도되자 사람들은 더욱 관
심을 가지고 흥미롭게 광고를 보았다. 강렬한 느낌을 주는
시각적 요소와 사실적으로 표현한 숫자는 보수적인 남성들
의 고정관념을 흔드는데 영향을 미쳤다. 광고 메시지는 여
성의 리더십이 얼마나 중요한지 다시금 일깨우며 독일 사
회에 부드러운 경종을 울렸다.

우리나라에서는 1970년대 이후 여성들이 경제 활동에

참여하면서 사회 변화에 상당한 영향을 미쳤다. 영국의 경제지《이코노미스트》가 2021년에 발표한 유리천장 지수에서 경제협력개발기구(OECD) 국가의 여성 임원 비율은 평균 25.6%였다. 그런데 국내 상장기업의 여성 임원 비율은 5.2%로 나타났으니, OECD 회원국 평균의 5분의 1 수준에 머무른 셈이다. 골드만삭스가 2019년에 발표한 '우머노믹스(Womenomics) 5.0' 보고서에서는 우리나라의 노동 시장에 남녀가 동등한 비율로 참여한다면 국내총생산(GDP)의 14.4%가 증가할 것이라고 예측했다.

피터 드러커와 함께 현대 경영의 쌍두마차로 불리는 톰 피터스(Tom Peters)도 『리틀 빅 씽(The Little Big Thing)』(2010)에서 우머노믹스 시대의 출현을 알리며 미래 사회는 여성의 역할에 달려있다고 단언했다.[13] 여성은 가정의 구매 결정권자인 동시에 경제 활동의 핵심 주체이기 때문에, 미래 사회는 여성의 리더십이 주도할 수밖에 없다는 논리였다. 그래서 고객을 지칭할 때도 '그'보다 '그녀'라는 말을 더 자주 써야 하고, 거친 단어를 버리고 우머노믹스 시대에 알맞은 언어로 재무장하기를 권고했다.

13　톰 피터스 저, 최은수, 황미리 역 (2010). 『리틀 빅 씽: 사소함이 만드는 위대한 성공 법칙』. 서울: 더난출판사.

여러 자료들을 종합하면 앞으로 여성이 주도하는 사회가 온다는 뜻이다. 그럼에도 불구하고 기업에서 여성 임원이 늘지 않는 것은 큰 문제가 아닐 수 없다. 기업뿐만이 아니다. 정치, 경제, 사회, 문화의 모든 영역에서도 마찬가지다. OECD 국가 중에서 한국이 최악이라는 불명예를 벗지 못하고 있는 성별 임금 격차 문제는 더 심각하다. 남녀 고용 평등이나 일·가정의 양립 지원에 관한 법률이 제정된 지 30여 년이 넘었지만, 여전히 여성의 불평등 문제는 갈 길이 멀다. 민간 부문이든 공공 부문이든 여성의 능력을 공정하게 인정하려는 인식 전환이 시급하다.

메타버스 시대의 광고 확장

메타버스의 시대가 본격적으로 막을 열었다. 메타버스 (Metaverse)는 초월과 가상을 뜻하는 메타(meta)와 현실을 뜻하는 우주(universe)의 합성어로, 온라인의 3차원 가상공간에서 아바타의 모습을 구현한 개인들이 현실세계처럼 사회적·경제적·문화적 활동을 하는 플랫폼을 의미한다. 게임속에서도 현실처럼 활동할 수 있는 메타버스는 인터넷을 넘어설 새로운 패러다임이다. 참고로 국립국어원은 메타버스를 우리말로 '확장 가상세계'로 부르기를 권고했다.

메타버스는 소셜미디어의 기능을 이미 수행하고 있다. 이용자들은 가상세계에서 친구들을 만나 일상을 나누고 생산 활동을 통해 수익을 올린다. 기업에서도 새로운 광고 플랫폼으로 메타버스에 주목하기 시작했다. 메타버스는 '마인크래프트(Minecraft)'로 대표되는 샌드박스 게임 장르를 바탕으로 확산됐다. 이용자들이 자유롭게 게임을 하면서 콘

텐츠를 개발할 수 있는 샌드박스 게임은 게임 자체가 플랫폼이 되어 확장된 가상세계를 만들어간다.[14]

네이버의 자회사인 네이버제트에서 운영하는 '제페토(ZEPETO)'는 메타버스 기반의 플랫폼이다. 제페토에 가입한 회원들은 인공지능 얼굴인식 기술과 증강현실(AR) 및 3D기술을 활용해 자신의 아바타를 만들고 전 세계의 2억 명과 가상공간에서 소통 활동을 전개한다. 제페토는 무엇이든 가능한 나만의 아바타 플랫폼이자 세계인과 소통하는 글로벌 소통 플랫폼이다. 이용자들은 '제페토 월드'에서 만난 아바타 친구들과 사회적 관계를 유지했다. 누구든 자신의 콘텐츠를 만들 수 있는 제페토의 매력은 이용자들은 단숨에 사로잡았다.

기업들은 MZ세대를 사로잡기 위해 메타버스 비즈니스에 적극적으로 진출하고 있다.[15] 구찌는 제페토와 '구찌 하우스'(2021)라는 협업을 진행했다. 이용자들은 캐릭터에 구찌 아이템을 입혀보며 자연스럽게 상품과 친해진다. 그리

---

14 Andrew Steinwold (2020. 3. 12.). "Metaverse Advertising Marketplace + New Podcast With Trislit." Andrew Steinwold.https://andrewsteinwold.substack.com/p/metaverse-advertising-marketplace

15 정민하 (2021. 5. 3.). "MZ 세대 잡아라: 메타버스(가상세계) 침투하는 광고시장." 조선일보.https://biz.chosun.com/industry/company/2021/05/03/UYAFRDZ7IF-GOTBIXZJNCFLANKQ/?form=MY01SV&OCID=MY01SV

제페토와 구찌의 콜라보레이션 광고 '구찌 하우스' 편 (2021)

고 구찌, 나이키, 디즈니, 컨버스, 푸시버튼 같은 패션 브랜드가 입점한 제페토에서 내부 유료 화폐인 '잼(Zem)'으로 상품 구입도 할 수 있다. 버버리는 'B 바운스'라는 게임을 만들어 버버리 상품을 활용해 게임을 하게 했다. 이밖에도 여러 민간 기업에서 메타버스에 깊은 관심을 나타내고 있다.

민간에 뒤질세라 공공 분야에서도 광고홍보 활동에 메타버스를 적극 활용하고 있다. 2020년 11월, 한국관광공사에서는 한국여행을 체험할 수 있는 가상공간을 제페토에 구축해 세계에 선보였다. 가상 여행지는 서울의 한강공원이었다. 코로나19로 한국 방문이 어려워진 상황에서 우리말을 비롯해 영어, 중국어, 일본어, 인도네시아어 등 5개 국어로 서비스한 결과, 한강에 아바타 여행을 온 외국인들이 하루 만에 26만 명이 될 정도로 인기를 끌었다.

이용자들은 제페토에 마련된 가상의 한강공원에서 반포대교의 무지개분수와 남산N타워를 감상하며 사진 촬영도 할 수 있다. 서울의 밤도깨비 야시장을 재현한 플리마켓이나 푸드트럭을 체험하고, 편의점에서 라면을 끓여먹고, 수상택시나 튜브스터를 타고 한강 체험 여행도 할 수 있다. 한강공원을 배경으로 브이로그나 뮤직비디오를 제작해 자신의 SNS에 공유할 수도 있다.

한국관광공사는 한강공원 체험 외에도 메타버스 기반의 플랫폼을 적극 활용해서 홍보 활동을 전개했다. 성격유형 검사인 MBTI 결과에 따라 한국 여행지를 추천받는 미니게임이나 이용자가 직접 만드는 국내 관광지도 제작 콘테스트도 실시했다. 2021년 설 연휴 기간에는 걸그룹 ITZY의 아바타들이 가상의 한국 여행지를 소개했다. 메타버스 기반의 플랫폼에서 디지털 실감 콘텐츠를 활용해 비대면 시대에도 얼마든지 한국 여행을 할 수 있음을 보여주었다.

MZ세대가 주요 소비층인 엔터테인먼트 기업들은 일찍이 메타버스를 활용해 광고홍보 활동을 전개했다. 2020년 9월, 방탄소년단(BTS)은 신곡 〈다이너마이트〉의 안무 영상

한국관광공사 한강공원의 가상 홍보물 (2020)

을 슈팅게임 '포트나이트(Fortnite)'에 최초로 공개했다. TV, 유튜브, 인스타그램을 통하지 않고 온라인 게임의 콘서트장에서 신곡을 발표한 것이었다. 3억 5,000만 명의 가입자 중에서 1,000만 명이 동시에 접속하는 메타버스 게임 공간에 방탄소년단이 등장하자 세계의 팬들은 함께 춤을 추며 열광했다.

기업이나 광고업계에서는 새로운 광고 플랫폼으로 메타버스를 주목하는데, 이용자의 대부분이 MZ세대이다. 제페토의 회원 2억명 중에서 80%가 10대들이다. 미국의 게임 플랫폼이자 메타버스 게임으로 급부상한 '로블록스(Roblox)'는 이용자의 83%가 24세 이하이고, 55%가 16세 미만이다. 게임이나 엔터테인먼트가 인기를 끄는데 비해 전통적인 디스플레이 광고의 인기는 앞으로 한풀 꺾이게 될 것이다. 그렇지만 광고가 메타버스 플랫폼에 올라타 가상세계에서도 가능한 광고의 모든 기회를 종합한다면 엄청난 폭발력을 지녔다고 할 수 있다.

　디지털 기술이 발달해 현실과 가상의 경계가 무너질수록 메타버스의 영역은 확장될 수밖에 없다. 이용자들이 '확장 가상세계'에서 게임을 하면서 친구도 만나고 생산 활동을 하면서 수익까지 올린다면 이보다 더 좋을 수는 없다. 메타버스는 디지털 미디어와 상거래의 미래를 열어갈 테고, 앞으로의 광고 환경도 MZ세대에게 친숙한 메타버스 기반으로 탈바꿈할 것이다. 메타버스는 기업의 전략 커뮤니케이션 활동의 판을 뒤집는 진화된 종(種, species)이다. 우리는 지금 진화의 정점에 서 있다. 앞으로 무엇을 어떻게 할 것인가?

인플루언서의 뒷광고 논란

우리말에서 '뒷(뒤)'이라는 접두사가 붙으면 뭔가 음성적이고 부정적인 단어가 된다. 뒷돈, 뒷배, 뒷간, 뒷거래, 뒤끝 등등. '뒷광고'도 마찬가지다. 2020년 8월에는 갑자기 듣도 보도 못하던 뒷광고가 등장했다. 유명 유튜버들이 광고 협찬 사실을 숨기고 방송해서 문제가 되자 언론에서 붙여준 이름이었다. 돈이나 협찬을 받았으면서도 "내돈내산(내 돈 주고 내가 산) 후기"나 "솔직 리뷰" 같은 표현을 써가며 이면 광고를 한 것이었다.

뒷광고란 인플루언서(influencer)가 특정 업체로부터 협찬이나 금전적 대가를 받고 유튜브 등의 매체를 통해 알리면서도 그런 사실을 표기하지 않는 콘텐츠를 말한다. 블로그, 인스타그램, 유튜브, 틱톡 같은 미디어에서 많은 사람들이 인플루언서로 부상했다. 인플루언서는 소비자의 제품 선택에 영향을 미치기 때문에 미디어 커머스에서 중요한 역할을 담당한다. 최근에는 인지도 높은 유명인들도 인플루언서로 활약하며 미디어 상거래에 참여하고 있다.

인플루언서를 향한 기업의 광고 러브콜이 많아지다 보니 결국 뒷광고 문제가 불거졌다. 2020년 8월, 패션 스타일리스트 한혜연(구독자 54만, 2022년 9월 현재)과 가수 강민경(114만 명)이 자신의 유튜브 채널에서 광고주로부터 대가를 받고 콘텐츠를 제작했으면서도 '내돈내산'이라고 말해 논란이 시작됐다. 직접 구매했다는 표현이 문제였다. 문제가 되자 문복희(824만), 보검(326만), 양팡(114만), 나름TV(203만), 임다(128만), 상윤쓰(175만) 같은 유명 유튜버들도 잇달아 사과 영상을 올렸다. 8월 7일에는 청와대 국민청원 게시판에 뒷광고에 가담한 이들의 처벌을 촉구하는 국민청원까지 등장했다.

뒷광고 유형은 크게 세 가지로 구분된다. 어떠한 경로를 통해서도 광고임을 밝히지 않는 경우, 생방송에서는 광고임을 명시적으로 고지했지만 유튜브 영상에는 광고임을 명시적으로 고지하지 않은 경우, 어떤 사례든 광고 같은 경제적 이해관계가 오간 내용을 명시적으로 표기하지 않은 경우이다. 문제가 된 유튜버들은 잘못을 인정하고 사과문을 올리거나, 공식적인 모든 활동을 중단하거나, 공식적으로 은퇴 선언을 하거나, 잠적하거나 하는 네 가지 방식으로 대

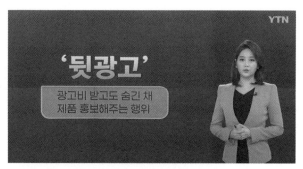

'뒷광고' 문제를 제기한 YTN의 방송 화면 (2020)

인기 유튜버 '쯔양'의 은퇴 선언 장면 (2020)

인기 유튜버 '보겸'의 사과 장면 (2020)

처했다.

그리고 몇 달 뒤 뒷 광고 파문을 일으켰던 유튜버들이 속속 복귀했다. 먹는 방송으로 유명한 문복희는 유튜브 채널에 복귀 영상을 게재하며 초심으로 돌아가 더욱 성숙한 모습을 보여주겠다며 복귀 소감을 밝혔다. 인기 유튜버 '쯔양'(698만)도 뒷 광고 논란 당시에는 방송 활동을 더 이상 않겠다며 은퇴 선언까지 했지만, 몇 달 만에 자신의 유튜브 채널에 영상을 게재하며 복귀했다. 복귀에 대한 고민도 많았지만 꼭 올리고 싶은 영상들이 많아 복귀할 수밖에 없었다고 했다. 치킨 뒷광고로 방송을 중단했던 '보겸'도 얼마 지나지 않아 방송을 다시 시작했다.

은퇴 선언을 했던 유튜버들이 몇 달 만에 슬그머니 복귀하자, 사과의 진정성에 의문을 제기하거나 소비자를 기만했다고 비판하는 여론이 일어나기 시작했다. 사과 방송이 소나기는 피하고 보자는 식의 보여주기 행동에 불과했다는 이유에서다. 그러면서 이들의 콘텐츠를 소비하면 안 된다거나, 복귀하는 유튜버들도 문제지만 그들의 콘텐츠를 소비하는 사람들도 문제라는 지적도 나왔다. 한편으로는 현실을 이해해야 한다는 의견도 있었다. 유튜버의 채널이 6개월 동안 비활성화 상태로 있거나 새 동영상을 업로드하지 않으면 그들이 유튜브에서 수익 창출 조건 자격을 잃기 때문에 그럴 수밖에 없었을 것이라는 해석이었다.

공정거래위원회(공정위)는 이 문제를 해결하기 위해 '추천·보증 등에 관한 표시·광고 심사 지침' 개정안을 2020년 9월 1일부터 시행했다. 개정안의 핵심은 협찬이나 광고 계약에 따라 방송한다면 유튜브 영상에서 '광고·협찬'이라고 정확히 표시해야 한다는 것이었다. 개정안에 따르면 댓글이나 '더보기란'에 눈에 잘 띄지 않게 표시하거나 '000과 함께합니다' 처럼 모호하게 표시해도 표기 지침의 위반이 된다. 그리고 '상품 후기'로 위장한 콘텐츠를 올리며 부당광고를 하는 사업자는 관련 매출액이나 수입액의 2% 이하나 5억원 이하의 과징금을 내야 한다. 공정위는 SNS상에서 뒷광고를 지속적으로 올려 광고주로부터 수익을 얻는 사실관계가 있다면 표시광고법상 규제 대상의 사업자라고 하며, 뒷광고에 대해 모니터링 제도를 상시 운영하겠다고 밝혔다. '뒷광고'의 체크리스트는 그림과 같다.[16]

차영란 교수는 인플루언서의 뒷광고 논란 전·후로 댓글을 비교 분석한 2020년의 논문에서 4가지 개선방안을 제시했다. 앞으로 인플루언서와 브랜드 관계자는 정확하고 구

---

16   공정거래위원회 (2020. 9.). "추천보증심사지침: 경제적 이해관계 표시 안내서." 세종: 공정거래위원회.

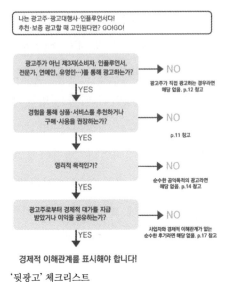

나는 광고주·광고대행사·인플루언서다!
추천·보증 광고할 때 고민된다면? GO!GO!

광고주가 아닌 제3자(소비자, 인플루언서, 전문가, 연예인, 유명인…)를 통해 광고하는가? → NO 광고주가 직접 광고하는 경우라면 해당 없음. p.12 참고

↓ YES

경험을 통해 상품·서비스를 추천하거나 구매·사용을 권장하는가? → NO p.11 참고

↓ YES

영리적 목적인가? → NO 순수한 공익목적의 광고라면 해당 없음. p.14 참고

↓ YES

광고주로부터 경제적 대가를 지급 받았거나 이익을 공유하는가? → NO 사업자와 경제적 이해관계가 없는 순수한 후기라면 해당 없음. p.17 참고

↓ YES

경제적 이해관계를 표시해야 합니다!

'뒷광고' 체크리스트

체적인 정보 제공으로 구독자들의 구매를 유도하고, 간접
광고(PPL) 같은 경제적 대가 표시 여부를 정확히 고지해야
한다. 또한, 잘못을 저지르면 진정성 있게 사과해서 소비자
의 신뢰를 얻어야 한다. 그리고 차영란 교수는 '추천·보증
등에 관한 표시·광고 심사 지침' 개정안이 2020년 9월 1일
부터 시행됐지만 관련 법규를 다시 보완하기를 정부에 권
고했다.[17]

17   차영란 (2020). "인플루언서의 '뒷광고' 논란 전·후에 대한 댓글 비교 분석: LDA와
      Word2vec을 중심으로." 한국콘텐츠학회논문지, 20 (10), pp.119-133.

앞으로도 계속 진화된 형태의 뒷광고가 등장할 텐데, 뒷광고에서 얻는 이익이 법적 처벌에 비해 크다면 규제의 실효성은 높아지지 않을 것이다. 그리고 유튜버에 대한 단속만이 능사는 아니며 플랫폼의 모니터링 활동을 적극적으로 전개함으로써 감시 시스템을 강화시켜야 나가야 한다. 미디어 커머스 환경이 계속 확산되는 상황에서 소비자 보호를 위한 장치 마련의 문제는 시급하다. 부당 광고, 유해 광고, 불편 광고, 뒷광고 같은 광고 유형을 모두 종합해 '부정 광고'라고 명명할 수 있겠다. 부정 광고는 내용이나 형식도 문제지만 결국 소비자의 권익을 침해한다는 것이 더 큰 문제다. 경제 주체 모두가 뒷광고를 비롯한 부정 광고를 퇴출하는데 촉각을 곤두세워야 할 것이다.

웹소설, 웹툰 전성 시대

전통적인 소설의 판도가 바뀌고 있다. 문학이 위기라고들 하지만 『치즈 인 더 트랩』, 『타인은 지옥이다』, 『구르미 그린 달빛』, 『낙원의 이론』 같은 웹소설은 폭발적인 인기를 누리고 있다. 앞의 세 편은 영화나 드라마로 제작되었다. 웹소설은 이제 소설의 새로운 스타일을 제시하며 그 지평을 넓혀가고 있다.

　동네 서점들이 속속 문을 닫고 있는데도 네이버시리즈, 카카오페이지, 리디북스 같은 웹소설 유통업체들은 호황을 누리고 있다. 2018년 9월, 네이버에서 웹소설과 웹툰을 공급하는 네이버시리즈를 시작한 이후 대략 60,000여 개의 웹 콘텐츠가 유통됐다. 네이버시리즈는 플랫폼의 브랜드 인지도를 높이기 위해 '시리즈로 달린다'와 '잠깐이라도 행복하자'에 이어 '인생작을 만나다' 같은 광고 캠페인을 전개했다. '인생작을 만나다' 캠페인(2019)에서는 네 명의 배우가 등장해 네이버시리즈의 웹소설을 '인생작'이라고 소개하는 형식을 취했다. 영화배우 김윤석, 수애, 이제훈, 변요한이 광고에 출연해 저마다 웹소설의 주인공을 재현했다.

첫 번째 광고인 '중증외상센터: 골든아워' 편에서는 김윤석 씨가 웹소설 『중증외상센터: 골든아워』의 주인공인 외상의과 전문의 백강혁을 연기했다. 원작의 줄거리는 충분히 살 수 있는데도 환자들이 죽어나가고, 필요한 의사를 만나지 못해 환자가 죽음을 맞이할 수밖에 없는 우리나라 의료 시스템의 치부를 드러내는 내용을 담고 있다. 광고에서 김윤석은 원작의 명대사를 이렇게 내뱉는다. "내가 이 병원에 온 이상 더 이상 멍청한 짓은 용납할 수 없어." 광고에서는 김윤석 씨의 발언에 대한 집중도를 높이려고 소품이나 배경을 간명하게 처리해 광고 메시지를 더 부각시켰다.

두 번째 광고인 '재혼황후' 편에서는 수애 씨가 출연해 변심한 황제를 떠나 자기 인생을 개척해가는 황후 나비에 역을 맡았다. 『재혼황후』는 남편과 정부의 불륜을 발각한 황후의 심리상태와 이후 황후의 복수(?)를 참신하게 묘사한 작품이다. 광고 카피는 다음과 같다. "연적... 연적이라... 폐하의 그녀는 황후인 제게 연적이 아닙니다. 폐하께서 제게 연인이 아닌데 어떻게 그녀가 제게 연적이겠습니까? 폐하에겐 소중한 연인이지만, 제겐 그냥 남과 마찬가지지요."

네이버시리즈의 광고 '중증외상센터: 골든아워' 편 (2019)

네이버시리즈의 광고 '재혼황후' 편 (2019)

연재되는 동안 로맨스 판타지 장르에서 1~2위를 유지했던 웹소설의 긴장감이 광고에서도 그대로 재현됐다.

　세 번째 광고인 '혼전계약서' 편에서는 이제훈 씨가 차가우면서도 낭만적인 주인공 한무결 역을 연기했다. 웹소설

『혼전계약서』에서는 비혼(非婚) 주의자 우승희가 정혼 계약에 발목을 잡히자 결혼을 계속 미루려고 금왕그룹 회장의 외아들인 한무결과 혼전 계약을 맺으며 벌이는 머리싸움이 흥미로운 작품이다. 광고에서 이제훈 씨는 이렇게 말한다. "이 결혼에 사랑 같은 것은 없어도 됩니다. 딥한 애정, 오히려 그게 더 무서운 거예요. 혼전계약서 쓰죠. 까짓 거." 고급감이 넘치는 광고의 영상미는 젊은이들의 계산적인 사랑 풍속도를 아련하게 떠올리게 한다.

네 번째 광고인 '장씨세가 호위무사' 편에서는 변요한 씨가 장씨세가를 위한 일이라면 죽음도 두려워하지 않는 호위무사 광휘로 완벽히 변신했다. 웹소설 『장씨세가 호위무사(張氏世家 護衛武士)』는 세상과 등진 채 은둔하며 살아가던 주인공 광휘가 몰락해가는 장씨세가 상인 집안에 호위무사로 발탁돼 벌어지는 좌충우돌 현장을 흥미롭게 그려낸 작품이다. 광고에서 변요한 씨는 이렇게 말한다. "난 영웅이 아니오, 소저의 호위무사일 뿐. 그러니 내 죽음은 소저가 신경 쓸 일이 아니오." 15초 광고만 봐도 원작 소설의 줄거리가 머릿속에 대강 그려질 정도다.

각 광고에서는 네 명의 배우가 소설의 한 장면을 나레이션하면서 마지막에는 "네이버시리즈에서 인생작을 만나다. 지금 네이버시리즈에서 OOOO를 만나보세요."라는 카피

네이버시리즈의 광고 '혼전계약서' 편 (2019)

네이버시리즈의 광고 '장씨세가 호위무사' 편 (2019)

로 마무리했다. 컬러 광고가 대부분인 상황에서 오히려 흑
백 톤을 써서 소비자의 눈길을 사로잡았다. 웹소설의 주인
공과 성격이 유사한 배우를 광고 모델로 활용해 광고에 대
한 몰입감을 자극한 결과, 각 광고별로 200만 조회 수를 넘

네이버시리즈의 인쇄 광고 4편 (2019)

길 정도로 주목을 끌었다. 결국 이 캠페인은 2019 서울영상
광고제에서 영예의 그랑프리를 수상했다.

웹소설에 대해 부정적으로 생각하는 기성세대들이 여전

이 많을 것이다. 웹소설은 본격 문학이 아니라는 편견도 물론 존재하고 있다. 신춘문예 같은 문단의 전통적인 등용문을 거치지 않았다는 이유에서, 웹소설 작가들의 자격에 대해 시비를 거는 경우도 있다. 하지만 세상은 변하고 있다. 웹소설 작가들은 전통적인 등단 절차 같은 것도 거추장스러워 한다. 자신의 본명을 드러내려고도 하지도 않는다. 수시로 가명을 쓰고 작품마다 작가 이름을 바꿔가며 작품을 발표하는 경우도 많다.

앞으로 '인생작을 만나다' 캠페인은 웹소설에 대한 부정적 인식을 긍정적인 방향으로 바꾸는데 상당한 영향을 미칠 것으로 예상된다. 문학에 대한 정의는 다양한데, 고대 로마시대의 시인 호라티우스는 『시학(詩學)』에서 '뚤쎄 이 우떨레(dulce et utile, 라틴어)', 즉 재미있는 것과 유익한 것이 문학의 요체라고 했다.[18] 두 가지 중에서 최소한 하나는 있어야 문학이 성립된다는 뜻이다.

재미로 무장한 웹소설이 독자의 마음을 파고들고 있다. 문학평론가나 작가들은 문학이 위기라는 원인을 다른 곳으로 돌리는 오판을 더 이상 하지 않았으면 싶다.

18　호라티우스 저, 김남우 역 (2019). 『호라티우스의 시학』. 서울: 민음사.

브랜드의 가치를 높이는 예술 주입 광고

  예술 작품을 광고와 마케팅 활동에 활용하는 사례가 늘고 있다. 이처럼 예술 작품을 활용하는 마케팅 활동을 '아트 마케팅'이라고도 하는데, 이는 올바른 표현이 아니다. 전문적인 학술 용어인 '예술 주입(art infusion)'이나 원어 그대로인 '아트 인퓨전'이 더 맞다. 자주 쓰이는 '아트 콜라보레이션'은 예술 주입의 변형된 형태다. 예술 주입이란 간단히 말해서 제품이나 브랜드에 예술적 요인을 추가하는 마케팅 활동을 일컫는 용어다.[19]

  광고회사 오길비(Ogilvy)의 시카고 지사의 창작자들은 피에르 오귀스트 르느와르, 요하네스 베르메르, 빈센트 반 고흐, 레오나르도 다빈치, 앙리 마티스, 라파엘로, 폴 세잔, 렘

---

19   김병희 (2020). "문화예술 주입의 마케팅 기대 효과." 『문화예술 마케팅 커뮤니케이션 전략』. 서울: 학지사. pp.52–56.

브란트의 초상화를 구두 광택제 키위(KIWI)의 광고에 소환했다. 그리고 '초상화 완성(Portrait Completed)'(2017)이라는 캠페인을 전개했다. 우리가 그동안 봐 온 초상화들이 미완성 상태라는 주장일까? 광고에서는 구두 광택제를 알리기 위해 상반신만 그려진 원래의 초상화를 두고, 그 아래 구두를 신은 하반신 그림을 새로이 그려 나란히 배치했다. 구두약 광고라면 당연히 구두를 보여줘야 하니 원래 명화에는 없던 하반신을 상상해서 표현했다. 하찮아 보이는 구두약에 예술 주입을 시도한 셈이다. 결과적으로 구두약이 예술 작품의 반열에 오른 것 같은 효과를 얻었다.

'잔느의 초상' 편에서는 피에르 르느와르가 1878년에 그린 초상을 차용해 구두 광택제의 특성을 흥미롭게 알렸다. 위쪽 그림은 잔느라는 여성의 모습을 섬세하게 묘사한 원작 그대로이다. 아래쪽 그림은 원작의 분위기를 그대로 살려 새로 그린 그림이다. 발을 꼬고 앉아있는 주인 곁에 누워있는 고양이 모습이 평화로워 보인다. 발을 꼬고 있으니 구두가 더 돋보이는데, 구두 광택제를 알리기 위한 의도적인 설정이다.

'진주 귀걸이를 한 소녀' 편은 네덜란드 화가 요하네스 베르메르가 1665년에 그린 작품을 가져와서 완성한 광고다. 살짝 옆으로 쳐다보는 소녀의 모습이 인상적인 작품이다.

'잔느의 초상' 편 (2017)   '진주 귀걸이를 한 소녀' 편 (2017)

새로 그린 아래쪽 그림에서도 원작의 느낌을 그대로 느낄
수 있는데, 소녀가 걷고 있는 순간을 그럴듯하게 그려냈다.
치마 색깔도 원래의 그림에 맞췄다. 걷고 있으니 구두가 더
돋보이며, 마치 원작을 위 아래로 잘라낸 것 같다.

　'고흐의 자화상' 편은 빈센트 반 고흐가 1887년에 그린
그림이 아이디어의 원천이다. 위쪽 그림은 우리에게 친숙
한 고흐의 자화상이다. 원작에 맞춰 새로 그린 아래쪽 그림
에서는 판매 메시지를 전했다. 의자에 앉은 고흐가 신고 있
는 두툼한 구두는 윤이 난다. 구두 광택제의 특성을 굳이 설
명할 필요는 없겠다.

　'모나리자' 편은 레오나르도 다빈치가 15세기 무렵에 그

린 명화를 차용했다. 위쪽에는 우리가 잘 아는 모나리자 그림을 배치했고, 아래쪽 그림에서는 모나리자가 치마를 입고 걷는 장면을 그렸다. 치마가 치렁치렁 늘어지지 않고 짧게 그려 구두가 보이도록 했다. 구두 광택제를 알리기 위한 설정이다. 치마 입은 모나리자 그림은 색다른 느낌을 준다. 원작의 느낌과도 잘 어울리지만 별도의 그림을 보는 것 같다.

'모자를 쓴 여인' 편에서는 앙리 마티스가 1905년에 그린 초상화로 예술 주입을 시도했다. 위쪽에는 색을 독창적으로 사용해 색채의 마법사로 불린 화가의 원작 그림을 배치했다. 아래쪽 그림에서도 화려한 색상의 옷과 구두를 원작

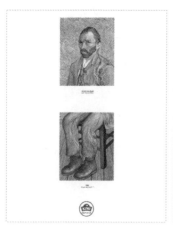

'고흐의 자화상' 편 (2017)

'모나리자' 편 (2017)

에 맞게 그려냈다. 구두 광택제를 알려야 한다는 광고 목표에 충실해, 화폭의 절반을 차지할 정도로 구두를 크게 그려 넣었다. 뭔가 갈망하고 있는 원작 모델의 눈빛에 잘 어울리는 구두처럼 보인다.

'라파엘로의 자화상' 편은 라파엘로가 1506년에 그린 자화상에서 아이디어가 시작됐다. 위쪽에는 온화하고 청순한 용모와 부드러운 눈길이 인상적인 청년 라파엘로의 모습을 배치하고, 아래쪽 그림에는 하얀 구두를 원작에 맞게 그려냈다. 그리고 신발을 부각시키려고 긴 바지를 입지 않은 모습을 그렸다. 요절한 천재 화가의 눈빛이 고독해 보이는데, 아래쪽 그림에서의 하얀 구두도 허전해 보인다.

이 캠페인에서는 하찮아 보이는 구두약 자체를 설명하지 않고 명화를 광고의 전면에 배치함으로써 명화가 가진 매력을 제품에 주입시켰다. 우리들이 상반신 모습으로만 기억하는 초상화에 연계해 하반신 모습이 담긴 그림을 새로 그리니, 놀라운 광고가 탄생했다. 이 지점에 이르러 명화 속 인물들이 더러운 신발을 신고 있었기에 당시의 화가들이 모델의 상반신만 그리지 않았을까, 하는 상상도 할 수 있을 것 같다.

'초상화 완성'이라는 캠페인의 주제처럼 명화의 위쪽 그림이 아래쪽 그림과 조화롭게 만나자, 명화의 권위가 사소

'모자를 쓴 여인' 편 (2017)　　　　'라파엘로의 자화상' 편 (2017)

한 사물(구두와 구두약)에 투영되었다. 처음에는 인쇄 광고로
만 제작됐지만, 나중에는 박물관의 앱과 연결해 증강현실
(AR) 기술을 통해 사람들이 그림을 직접 체험하는 방향으
로도 발전했다. 그리고 오디오 투어 서비스를 제공하기도
했다. 이 캠페인은 창작 솜씨를 인정받아 2017년 칸 라이언
즈에서 금상과 동상을 수상했다.

　우리나라의 기업에서도 예술 주입을 시도하는 사례가 늘
고 있다. 루벤스, 르누아르, 다빈치, 보티첼리, 라파엘로, 마
그리트, 앵그르, 클림트, 고흐, 고갱, 밀레, 고야 등의 그림
을 활용해 브랜드 가치를 높이는 효과를 얻었다. 이처럼 기
업에서 문화예술의 주입을 시도하는 것은 바람직하지만,

일회성 시도로 끝나버리는 현상은 아쉽다. 예술가의 걸작이 하루아침에 완성되지 않듯 브랜드에 대한 예술 주입의 효과도 단기간에 나타나지는 않는다. 예술은 길다고 했다. 예술 주입도 좀 더 멀고 길게 내다보고 시도해야 한다.

'미'와 '레'로 부르는 더 나은 미래

앞으로 다가올 미래는 우리가 지금까지 경험한 바와 비교할 수 없을 정도로 파격적으로 변할 것이다. 인공지능과 블록체인 기술은 우리 사회를 상전벽해(桑田碧海)의 변화로 이끌어 간다. 인간이 인공지능에게 지배당할 것인지 아니면 함께 공존할 것인지에 대한 논쟁은 이제 무의미해졌다. IBM의 최고경영자인 지니 로메티는 인공지능 시대에는 블루칼라도 화이트칼라도 아닌 '뉴 칼라(New Collar)' 계층이 떠오른다고 했다. 뉴 칼라란 인공지능을 이해하고 관리하고 활용할 줄 아는 사람이다.[20] 인공지능을 활용할 수 있는 사람만이 앞으로 계속 나아갈 수 있다는 뜻이다.

LG그룹 광고 '미레로 부르는 미래' 편(2021)은 오로지 '미'음과 '레'음만 써서 랩 스타일로 전개한 노래형(CM Song) 광

---

20 김병희 (2021). 『디지털 시대의 광고 마케팅 기상도』. 서울: 학지사.

고다. 〈도만 나오는 노래〉나 〈레까지 나오는 노래〉를 통해 유쾌한 음악 세계를 보여준 싱어송라이터 이은송 씨가 참여함으로써, 광고의 완성도가 더 높아졌다. "미레로 부르는 미래"라는 자막에 이어 오선지가 나오며 광고가 시작된다. 미레 음악이 연주되는 순간 곧바로 관심을 가질 수밖에 없다. 언어 유희적 카피를 유쾌한 미레 음률에 실어 보내자 재치 있는 노래가 되어 소비자의 곁으로 다가간다. 노래형 스타일의 카피는 이렇다.

"이 노래는 미레로 만든 미래를 부르는 노래/ 도레미파솔라시도 중에 미랑 레로만 만든 노래/ 음정도 미레 가사도 미래/ 왜 하필 미레냐고?/ LG가 부르는 미래 노래니까/ 자, 귀 열어라 미래 들어간다 '미' 치고 '레' 치고 다 같이 레츠고!/ LG 이런 미래 가능해?" 메시지의 서론에 해당되는 도입부에서는 이런저런 질문을 던진다. 소비자들의 호기심을 유발하기 위한 정교한 장치다. "LG 이런 미래 가능해?"라는 카피를 자막으로도 강조했다. 본론에 들어가서는 일상생활과 관련되는 미래상을 다음처럼 제시했다.

"떡볶이를 먹어봐도 우울할 땐 어떡하지?/ AI가 애인보다 내 맘 더 잘 아는 미래/ 미래 미리 볼래 이예이예/ 환경오염 막아주는 히어로는 어디 없나?/ 옥수수 플라스틱이지구를 지키는 미래/ 미래 미리 갈래 이예이예/ 한 시간 뒤

LG의 광고 '미레로 부르는 미래' 편 (2021)

주간회의 누가 나 좀 살려줄래?/ 스마트시티가 출근길을 열어주는 미래/ 미래 미리 볼래 이예이예/ I want 무병장수 We want 만수무강/ 인공지능이 신약 개발 속도 확 올리는 미래/ 미래 미리 갈래 이예이예/ 아 미래가 벌써 코앞이라구요?"

거실 소파에 앉아 떡볶이를 먹어봐도 우울할 때는 인공지능이 마음을 달래준다고 했다. 옥수수 밭에서 뛰어노는 장면, 집에서 춤추는 장면, 가족끼리 캠핑하며 아이들이 뛰어노는 장면도 등장했다. 윈드서핑 장면은 생생한 OLED 화면에서도 볼 수 있다. 한 시간 뒤에 주간회의가 있는데 길이 막혀 고민하자 스마트시티가 출근길을 열어주기도 했다. 할아버지가 휠체어에 앉아 있는데 인공지능이 신약 개발 속도를 앞당기고 있으니, 무병장수나 만수무강도 기대할 수 있을 것 같다. 광고를 보면 다가올 미래의 모습이 손에 잡힐 듯하다. 결론 부분은 더 빠른 속도로 다음과 같이 전개된다.

"그럼 빨리 간다/ 간주도 없이 한 번에 렛츠고/ 보고 싶은 건 다 보여줄 게/ 어디서든 어떻게든 올레드(OLED) 미래/ 집순이 집돌이는 쉬세요/ 빅데이터가 집안 일 돕는 미래/ 지구까지 생각하지/ 친환경 에너지로 모두 행복한 미래/ 이게 LG 미래 미래 미래/ 광고인 줄 알면서 지금까지

들어준/ 김미래 최미래 박미래 이미래의 아들래미 딸래미/ 너의 미래를 축복할래 응원할래/ 내 삶을 바꾸는 미래/ 오 ~ 우리가 만들래/ 그리 멀지 않은 미래 어쩌면 내일 모레/ Sing with me for a better life/ 불러보자 더 나은 미래."

　광고 음악은 광고에 대한 느낌을 결정할 뿐만 아니라 광고 효과에도 상당한 영향을 미친다. 이 광고는 2분 45초 길이로 비교적 긴 광고인데도 '미'와 '레'음만을 써서 불렀으니 '미와 레만 나오는 노래'라 할 수 있다. 노래의 중간 중간에 김미래, 최미래, 박미래, 이미래, 아들래미, 딸래미 같은 언어 유희적 카피를 통해 메시지를 경쾌하게 표현했다. 따라서 소비자의 마음을 끌어당기는 자력(磁力)이 강한 광고라고 평가할 수 있다. 주목할 만한 광고를 소개하는 '오광TV' 유튜브 채널에서 이 광고를 1시간 동안 반복하는 영상을 소개해 화제성도 널리 인정받았다.

　광고 모델은 LG 각 사업부에서 일하는 직원들이다. 유명 모델이 아닌 일반 직원들이 출연함으로써 광고에 현장감과 사실성을 불어넣었다. 광고에 대한 매력을 높이는데 영향을 미쳤다고 할 수 있다. 미디어에 노출되는 광고 물량이 많기 때문에 광고가 나오면 바로 건너뛰기를 하는 소비자들도 있다. 이런 상황에서 미래 광고를 직접 검색해서 찾아보는 사람도 많았다는 언론 보도도 있었으니, 이 정도의 관심이라면 성공했다고 평가할 수 있다.

노래 가사를 한 마디로 요약하면 제4차 산업혁명 시대의 흥미로운 미래상이다. 우리네 일상생활과 미래 기술이 어떻게 연결될 수 있는지 생생한 사례를 제시하며 저절로 느끼도록 했다. 소비자들은 광고에서 제시하는 더 나은 미래를 자신의 일상생활과 연결 지어 상상해볼 것이다. 자칫 공허해질 수 있는 미래에 대한 메시지를 미레 음의 곡조에 실어 전달했으니 더 구체적으로 다가올 수밖에 없었다.

미래가 우리 앞에 어떻게 펼쳐질 것인지 궁금해진다. 유발 하라리(Yuval Harari, 1976- , 이스라엘 역사학자) 교수는 저서 『사피엔스』에서 이렇게 말했다. "미래는 이미 도착해 있다." 우리가 살고 있는 지금이라는 시간 속에 미래가 벌써 왔다는 뜻이다.[21] 이런 말도 있다. 황금, 소금, 지금이 세상에서 가장 소중한 세 가지 금이라는 것. 지금이 그만큼 중요하다는 뜻이다. 아무 것도 준비하지 않는 사람에게는 미래가 오다가도 피해가리라. 미래는 지금 꿈꾸며 준비하는 자에게만 가까이 다가와서 속삭인다.

---

21 유발 하라리 저, 조현욱 역 (2015). 『사피엔스: 유인원에서 사이보그까지 인간 역사의 대담하고 위대한 질문』 서울: 김영사.

실패 없는
복고 감성 광고

TREND _____

NEWTRO _____

COVID-19 _____

SEASON _____

HUMOR _____

옛 노래 개사, 뉴트로 문화를 활용한 광고

뜻밖에도 드라마《응답하라》시리즈, 영화《보헤미안 랩소디》, 오디션 프로그램《내일은 미스트롯》같은 문화 콘텐츠에 열광하는 젊은이들이 많다. 밀레니얼 세대도 흘러간 이야기라 할 수 있는 뉴트로 추세에 관심이 많다. 땅에 끌리는 바지나 울프 컷과 허쉬 컷 같은 옛날에 유행하던 헤어스타일도 다시 인기를 끌고 있다. 옛날 노래를 패러디하거나 경배하며 과거의 향수를 자극하는 콘텐츠도 늘고 있다. 복고(Retro)에 새로움(New)을 더한 뉴트로 문화가 방송을 비롯한 대중문화 영역에서 인기몰이를 하고 있다.[1] 이 신조어는 레트로를 넘어 복고를 재해석한 개념이다.

SBI저축은행이 유튜브 채널에서 선보인 '저축가요' 광

---

[1] 진성윤 (2020. 6. 9.). "방송가를 장악한 뉴트로." Cheil Magazine. https://blog.cheil.com/magazine/44132?msclkid=3a86a924b3ce11ecb5d89643ade751f5

고는 옛 노래를 개사해 뉴트로 문화에 편승하며 저축의 중
요성을 강조했다. 첫 번째 광고인 '월급은 흘러갑니다' 편
(2019)에서는 가수 혜은이 씨의 〈제3 한강교〉(1979) 가사를
신박하게 개사했다. 경쾌하게 흐르는 카피를 보자. "월급은
흘러갑니다~~ 텅 빈 내 통장 위를. 한 달 간 나의 꿈을 싣고
서 한숨을 싣고서. 월급은 빛의 속도로 카드 할부를 맴돌다
가, 새처럼 바람처럼 물처럼 흘러만 갑니다. 어제 월급 받아
서 다짐을 하고 우리들은 하나도 안 썼습니다. 이 돈을 세면
서 첫 차를 타고, 이자 좋은 저축은행 찾아갈 거예요. 뚜루
뚜루뚜 하~" 하며 노래가 막바지에 이르는 순간, "저축합
시다. 저축은 1등 저축은행- SBI 저축은행"이라는 카피가
내레이션으로 흐르며 광고가 끝났다.

유튜브 스타이자 가수인 요요미는 "월급은 흘러갑니다"
를 부르며 40년 전의 노래를 완벽히 재현했다. 광고 모델은
보라색 아이섀도를 칠하고 흰색 브이넥 원피스를 입고 물
가에서 노래하는데 앳된 얼굴과는 달리 간드러지는 목소리
다. 혜은이의 20대 모습을 떠올리게 하는 요요미는 복고풍
으로 뉴트로 문화를 살려냈다. 모두에게 친숙한 중독성 있
는 트로트 멜로디에 저축을 강조하는 메시지를 덧입혀 옛
추억을 소환했다. 이 광고는 밀레니얼 세대와 기성세대 모
두의 공감을 유발하는데 성공했다. 그리고 별도로 박성연

SBI저축은행의 광고 '월급은 흘러갑니다' 편 (2019)

이 부른 '너나 낭비해 나는 저축해'(Feat. 장덕의 '너 나 좋아해 나 너 좋아해') 영상도 인기를 끌었다.

2015년에 개정된 대부업법에서 텔레비전 광고를 규제하자 소통 채널이 막혀버린 저축은행들은 소셜미디어(SNS) 마케팅으로 방향을 틀었다. 촌스럽지만 세련된 느낌의 영상을 노출하기에 유튜브만한 매체도 없었다. 이 광고는 2019년 5월에 1차 캠페인을 선보인 이후 유튜브 조회수 600만을 돌파하는 등 폭발적인 반응을 얻었고, 2019년 대한민국 광고대상의 오디오 부문에서 은상을 수상했다. 그동안 저축은행 광고는 유해 광고로 분류되며 각종 규제를 받아왔는데 수상 소식은 신선한 충격이었다. 저축 가요를 선보인 이후 소비자 인지도는 약 5%포인트 상승했고, 예금과 적금의 가입자 수도 9.6%포인트 늘었다.

두 번째 저축가요인 '당신은 모으실 거야' 편(2019)도 대단한 주목을 끌었다. 이 광고에서도 혜은이의 〈당신은 모르실거야〉(1975)를 저축을 장려하는 내용으로 개사했다. 역시 유튜브 인기 스타인 요요미가 가수 혜은이의 과거 모습을 재미있는 가사와 영상으로 완벽하게 재연함으로써 싱크로율 100%를 보여주었다. 저축의 중요성을 알리며 원곡 가사와 비슷한 흐름으로 전개되는 카피는 다음과 같다.

"당신은 모으실 거야. 얼마나 모으시든지. 세월이 흘러가

SBI저축은행의 광고 '당신은 모으실 거야' 편 (2019)

면은 그때는 목돈 될 거야. 월급이 서글플 때나 초라해 보일 때에는 통장을 열어 보세요. 이자가 써 있을 게요. 통장에 넘쳐흐르는 뜨거운 적금 이자로 당신의 아픈 마음을 깨끗이 씻어 드릴게. 으음음~ 당신은 모으실 거야 얼마나 모으시든지. 만기를 채워주세요. 당신의 사랑은 나요."하며 여운을 남기는 순간 "저축합시다. 저축할 땐 사이다뱅크 SBI 저축은행"이라는 카피가 내레이션으로 흐르며 광고가 끝난다.

혜은이 씨의 원곡은 1975년 이후 핑클 등 후배 가수들에게 리메이크되어 전 연령층으로부터 꾸준한 사랑을 받아왔다. "월급이 서글플 때나 초라해 보일 때에는" 같은 대목은 밀레니얼 세대에게는 신선함을 중장년층에게는 추억을 불러일으키며 폭소를 유발했다. 모든 월급쟁이의 공감을 유발하기에 충분한 카피 파워에 힘입어, 이 광고는 유튜브 노출 2주 만에 조회수 126만 건이 넘어섰다. 목소리만으로 전달하지 않고 카피를 자막으로 제시해 내용을 쉽게 이해하도록 배려한 점도 인상적이었다.

뉴트로 문화는 중장년층에는 추억과 향수를, 젊은 세대에는 새로움과 재미를 안겨 주고 있다. 아날로그 감성에 최신 기술로 기능을 강화한 상품 개발을 비롯해서 뉴트로 문화가 우리 사회에 널리 퍼지면서 보편적인 트렌드로 확산되고 있다. 유행은 돌고 돈다고 하는데, 정말 맞는 말이다. 만남도 헤어짐도 돌고 돈다. 아무리 기술이 발달하더라도 추억과 향수를 그리워하는 인간의 감정까지 통제하기는 어렵다. 그래서 과거 속으로 떠나가는 시간 여행은 앞으로도 계속될 것이다. 옛것을 익혀 새것을 알게 된다는 온고지신(溫故知新)이라는 말은 어쩌면 뉴트로 문화를 가장 정확히 설명하는 사자성어가 아닐까 싶다.

광고에도 분다, 트로트 열풍

흘러간 노래? 사람들은 보통 트로트를 흘러간 노래라고 말한다. 이런 표현에는 나이든 아재들이나 신곡을 모르는 중장년층만 부르는 비주류 노래라는 비하의 의미도 담겨 있는 듯하다. 하지만 최근 트로트는 나이를 불문하고 우리 곁으로 '흘러오고' 있다. 트로트를 일컬어 세월 따라 '흘러온 노래'라고 주장하는 '노래 채집가' 주철환 교수의 해석이 흥미롭다. 트로트 열풍을 촉발시킨 미스터트롯에 힘입어 트로트를 활용한 광고들도 인기 몰이를 하고 있다.(이미 앞에서도 바로 보았다.)

이제 트로트는 주 소비층이던 4060 세대는 물론 1020 세대의 마음도 훔쳐버렸다. 광고회사 이노션에서 발표한 빅데이터 분석 보고서를 보면, 트로트 관련 언급량이 2018년에 비해 2019년에 1.8배 늘었고 검색량은 10배나 증가했다. 검색 비중은 20대에서 34%, 30대에서 28%로 증가했다. 아이돌 가수의 음악을 좋아하던 MZ세대들도 속속 트로트로 취향을 바꾸고 있다는 뜻이다. 그래서인지 트로트 가수들도 광고계에서 귀하신 대접을 받고 있다.

TV조선 〈미스터트롯〉의 우승자 임영웅 씨는 화장품 브랜드 리즈케이와 쌍용자동차 렉스턴의 모델로, 영탁 씨는 예천양조와 영탁막걸리의 전속 모델로, 이찬원 씨는 뷰티 브랜드 웰더마의 전속 모델로, 남승민 씨는 일화 맥콜의 광고 모델이 되었다. 따라 부르기 어렵기로 유명한 현인 선생이 환생하셨나 싶을 정도로 〈신라의 달밤〉을 잘 부르는 조명섭 씨는 아이돌 가수의 전유물이던 지하철 역사의 '조공 전광판'에 이름을 올렸다. 개그맨 유재석 씨는 신인 가수 유산슬로 데뷔해 〈사랑의 재개발〉과 〈합정역 5번 출구〉로 인기를 끌더니 곧바로 빙그레 슈퍼콘 광고 모델로 발탁되었다.

나태주 씨는 전자랜드 광고의 전령사(傳令使)가 되었다. 전자랜드의 '으뜸 효율 가전제품' 편(2020)에서 나태주 씨는 가수 박상철 씨의 〈무조건〉(2005)을 개사한 광고 카피를 멋들어지게 부르며 '으뜸효율 텐텐 페스타'의 혜택을 소개했다. 광고회사 시즌파이브는 태권돌(태권도+아이돌)의 상징인 K타이거즈 제로의 나태주를 발탁해 태권도와 노래를 절묘하게 결합시켰다. 광고가 시작되면 친숙한 트로트 가락에 맞춰 화려한 태권도 군무가 펼쳐진다. 15초의 텔레비전 광고는 핵심만 전달하기 때문에 여기서는 전체 내용을 더 풍부하게 알 수 있는 유튜브 버전을 살펴보자.

광고 카피를 〈무조건〉의 곡조에 맞춰 따라 불러보면 정확히 들어맞는다.

"전자제품 살 땐 전자랜드야~ 언제든지 전자랜드. 매장도 좋아~ 가격도 좋아~ 언제든지 전자랜드. 으뜸 효율 제품 사게 된다면~ 최대 30만원 받겠지만, 전자랜드 추가 혜택도 있지. 무조건 더 드릴게요. 전자제품 가격 내려줄 거야~ 무조건 내려줄 거야. 당신께 돌려 돌려줄 거야~ 최대 30만원. 으뜸 효율 제품 비교하고 사고 환급까지 받을 수 있어~ 전자제품 살 땐 전자랜드야, 무조건 전자랜드야. 쇼핑몰도 전자랜드, 무조건."

TV조선의 예능 프로그램 '내일은 미스터트롯'에서 화려한 태권도 기술과 뛰어난 노래솜씨로 준결승까지 진출했던 나태주 씨는 광고에서도 전자랜드의 혜택을 화려한 태권도 군무와 시원한 가창력을 통해 시원시원하게 전달했다. 2018년 세계태권도 품새선수권 대회에서 1등을 거머쥔 선수 출신 가수답게 노래 가락이 다양한 품새에 맞춰 울려 퍼졌다. 나태주 씨를 비롯해 모두 12명으로 구성된 혼성 아이돌 그룹 '케타제로(K타이거즈 제로)'는 2019년 9월 첫 앨범

전자랜드의 광고 '으뜸 효율 가전제품' 편 (2020)

〈희로애락〉으로 데뷔했다. 2020년 1월, 〈희로애락〉 발표회
가 열린 도쿄공연장에서는 일본 팬들이 "무조건~ 무조건
이야!"를 외쳤을 정도로 인기였다. 《내일은 미스트롯》에서
나태주 씨는 "태평양을 건너~ 대서양을 건너~"를 부르며
공중돌기를 해 '태권트롯'이란 장르를 선보였다. 중독성 있
는 멜로디에 광고 카피를 얹히자 전자랜드는 조건 없이 가
봐야 할 곳이라는 언어적 상징을 얻게 됐다.

이 광고의 매력은 트로트 가락을 태권도의 품새에 맞춰
전자랜드의 할인 혜택을 흥미롭게 전달했다는 점에 있다.
태권돌(태권도+아이돌)의 매력을 한껏 살리면서 힘차고 화려
한 퍼포먼스를 보여준 광고였다. 그렇지만 고딕체의 자막
을 화면마다 넣을 필요가 있었을까? 널리 알려진 노래를 차
용했기에 확실히 강조할 메시지만 자막으로 처리하고 나머
지는 노래로만 전달했더라면 광고의 완성도가 더 높아졌으
리라. 그럼에도 불구하고 모델과 잘 어울리는 친숙한 멜로
디에 광고 카피가 착착 감겨들었기에 소비자의 마음을 움
직이기에 충분한 광고가 되었다.

친숙한 멜로디에 카피가 실리면 청각적 여운이 오래오래
남는다. 광고의 청각적 여운은 시각적 장면보다 오래 기억
되며 일상에서 유사한 음을 듣는 순간 해당 브랜드를 연상
하게 된다. 이 광고에서는 '무조건'이라는 단어를 무조건 강

조했다. 그러다 보니 나태주가 외치는 광고 카피를 듣고 있다 보면 무조건 전자랜드로 가야 할 것 같다는 생각도 든다. 광고 따로 구매 따로 구별되는 그런 상황이 아니라, 광고와 판매의 상관관계가 높은 상황이 전개되는 것이다. 이러한 광고 파워는 어디에서 나오는 것일까?

트로트가 지닌 신파조(新派調)의 통속성에 그 답이 있다. 사람들이 신파조를 배척하는 것 같지만 속으로는 좋아한다. 성공한 대중예술작품은 거의 다 뻔한 신파 요소가 들어 있다. 레트로 광고가 인기를 끄는 이유도 사람들이 신파조의 통속성을 즐겼기 때문이다. 결국 트로트를 활용한 광고는 브랜드 친숙도를 높이는데 효과적이라고 하겠다. 이 광고에서는 신파조의 트로트와 절도 있는 태권도가 만나 절묘한 '태권트롯'을 구현하는데 성공함으로써, 카피가 멜로디에 함몰되지 않고 더 뚜렷한 품새를 지니게 됐다. 노래방에서 아이돌 음악보다 트로트 음악이 더 인기가 있듯 광고 분야에서도 트로트 열풍이 계속될 것 같다. 이래저래 트로트는 흘러가지 않고 흘러오고 있다. 아니, 젊은 가수들에 의해 끊임없이 새롭게 소환되고 있다.

MZ세대도 좋아하는 할메니얼 식품

가을이 깊어 가면 음식 취향도 익어간다. 전통 음식을 재해석한 음식이 MZ세대에게 인기를 끌고, 할머니와 밀레니얼(1980-2000년대 초반 출생자)을 합친 '할메니얼'이라는 신조어도 등장했다. 할메니얼은 할머니의 입맛과 취향을 선호하는 세대를 뜻하는데, 광고계에서도 할머니 모델들이 주목을 받았다. CJ제일제당 햇반컵반의 광고 모델인 나문희 씨, 카스맥주의 광고 모델인 윤여정 씨, 농심켈로그 첵스 팥맛의 광고 모델인 김영옥 씨가 그 주인공들이다.[2]

농심켈로그 첵스 팥맛의 광고 'K-팥' 편(2021)을 보자. 첵스 팥맛은 MZ세대의 레트로 추세와 괴식(怪食, 괴상한 음식) 열풍을 바탕으로, 어릴 적에 할머니가 끓여주시던 추억의 단팥죽을 떠올리게 하자는 취지에서 출시됐다. 전북 고창

---

2 나원식 (2021. 10. 31.). "식품업체들은 왜 할머니에 열광할까." 비즈니스워치.

에서 생산한 백퍼센트 국내산 팥에 하얀 마시멜로우를 넣어 단팥죽 맛을 느낄 수 있다는 시리얼 식품이다. 팥 밭을 배경 삼아 "첵스 초코 제공"이란 자막이 뜨며 광고가 시작된다. 시골 할머니 차림의 김영옥 씨가 팥을 가득 담은 바구니를 들고 "Do you know K-팥?"이라며 질문을 던진다. 인터넷에서 유행했던 '두 유 노' 클럽의 밈(meme)을 카피로 써서 시작부터 유머러스하게 표현했다.

랩퍼인 엠시 레드(MC RED)와 디제이 빈(DJ BEAN)이 경운기에 시동을 걸고 고창의 드넓은 논밭을 가로지르며 달리는 가운데, 비트가 강한 힙합 음악이 요란하게 울려 퍼진다. "This is 핫팥!" 두 사람은 경운기를 타고 오며 '팥'으로 운율을 맞춘 랩을 신나게 구사했다. "핫팥, 빅팥, 잭팥 워(Whoo)! 첵팥, 힙팥, K-팥, 예(Yeah)!" 한번 들으면 잊을 수 없을 정도로 귀에 쏙쏙 박히는 랩이다. 김영옥 씨는 드넓은 팥밭에서 첵스 팥맛 상자를 앞으로 들이밀며 "K-팥"이라고 외친다.

랩퍼 두 사람이 팥밭에서 신나게 춤추며 노래하는 카피는 이렇다. "핫스팟 찾는다면 이리와 코리아/ 보여줄게 전 세계를 놀라게 할 빅팥/ 바로 이곳 전라북도 고창 팥밭/ 모두 모여 지금 열어 기다려온 팥티." 엄청나게 과장한 팥 모양이 화면을 가득 채우고 '빅팥'이란 자막이 등장한다거나,

체스 판에 팥을 놓고 '첵팥'이란 자막을 붙인다거나 하는 시도는 광고에서 B급 감성을 느끼게 하는 재미있는 볼거리다.

팥으로 만든 반지를 열 손가락에 긴 랩퍼들이 부르는 랩이 계속 이어진다. "번뜩이는 감각 농부들의 환상/ 명품보다 핫해 신이 주신 컬러/ 잘 빠진 라인 마치 한가위 보름달." 팥으로 만든 목걸이를 목에 건 김영옥 씨도 랩의 운율에 맞춰 흥겹게 춤을 추고, 랩퍼들도 'K팥'이란 글자가 새겨진 돌기둥 앞에서 요란한 몸짓을 했다. "한국적인 단맛 첵스 만나 잭팥." 랩퍼들은 팥이 빠진 시리얼을 맛보며 "팥이 빠진 ㅜㅠ(우유) 감동이 ㅠㅠ"하며 실망하다가, 팥이 들어간 시리얼을 맛보고는 "새로운 세상 시리얼 그 이상/ 여긴 없어 헤이러 맛의 뉴 에라"라고 노래하면서 몹시 즐거워한다.

이어서 팥과 비슷한 색상의 옷을 입은 김영옥 씨가 첵스 팥맛 시리얼을 들고 넓은 팥밭에 서 있다. 화면 전체가 팥으로 꽉 찼는가 싶더니 김영옥 씨 특유의 할머니 목소리로 이런 메시지를 전달한다. "대한민국 원조 달콤함 K-팥. K-시리얼이 되다." 광고 모델 셋이서 첵스 팥맛 시리얼을 들고 흐뭇한 표정을 짓는다. "가장 한국적인 시리얼의 탄생, 첵스 팥맛. 많아들 잡숴. 이번엔 맛있어." 김영옥 씨의 목소리가 들리는가 싶더니 첵스 팥맛이 가득 실려 있는 경운기가

농심켈로그 첵스 팥맛의 광고 'K-팥' 편 (2021)

출발하며 두 랩퍼가 춤추는 가운데 광고가 끝난다.

이 광고에서는 K-팝과 유사한 K-팥이라는 키워드를 써서 첵스 팥맛이 한국적인 단맛을 담은 한국적인 시리얼이자 할메니얼 식품이라는 메시지를 전달했다. 여러 드라마에서 욕쟁이 할머니 역을 맡아 '할미넴'이란 별명을 얻고, 넷플릭스《오징어게임》에서 성기훈의 어머니 역을 맡은 김영옥 씨가 '책팥할매'로 등장한 것이 광고의 주목도를 높이는 결정적인 요인으로 작용했다. K-할머니로 완벽하게 변신한 김영옥 씨는 할머니표 단팥죽 맛을 유쾌한 감각으로 풀어냈다.

랩퍼 두 사람이 팥밭에서 신나게 춤추며 중독성 있는 멜로디를 반복적으로 노래한 점도 MZ세대에게 팥 맛을 알리기에 충분했다. 복고풍의 분위기를 바탕으로 랩과 춤 그리고 B급 감성을 적절히 조화시키려고 시도한 점도 이 광고의 매력이다. 누구나 다 아는 K-팝이란 말에 견주어 고창의 팥을 K-팥이라고 명명했기에, 사람들은 더 오래오래 기억할 것이다. 자체 제작한 힙합 곡의 가사(카피)도 재기 발랄했다. 거기에 K-팥이란 말까지 반복했으니 누구라도 상품의 특성을 쉽게 이해했을 것이다.

할메니얼 식품은 앞으로도 계속 그 인기가 식지 않을 것 같다. 배스킨라빈스의 '찰떡콩떡' 아이스크림, 오리온의 '찰

초코파이', 엔제리너스의 '고소한 인절미 카페라떼'와 '블랙 흑임자라떼', 투썸플레이스의 '쑥 라떼'와 '흑임자 카페라떼', 이디야의 '쌍화차' 같은 다양한 식품들도 나왔다. 할메니얼 식품은 주로 젊은 층을 겨냥해 출시하지만, 담백하고 구수한 맛을 선호하는 중장년층의 향수도 자극할 수 있다. 레트로 감성에 빠진 분들의 입맛을 사로잡기 위해 전통음식을 활용한 디저트 메뉴가 계속 새로 나오기 때문에, K-할머니가 광고 모델로 출연하는 사례도 계속 늘어날 것이다. 그리고 드라마나 영화에서 활동한 할머니 배우를 광고 모델로 활용하면 거부감이 적고 유머러스하고 능청맞은 연기도 가능하다.

소비자들은 이런 현상을 즐거운 마음으로 지켜보는 듯하다. 뉴트로 현상에 열광하고 건강을 중시하는 최근의 소비 성향에 대해 중장년층도 적극적으로 호응했다. 외국에 유학을 떠난 어떤 학생은 엄마표 밥맛이 가장 그립다고 말했다. 그렇다면 '어메니얼' 식품이 나오지 말라는 법도 없으리라. 전통 음식을 재해석한 엄마표 밥맛 같은 음식이 계속 나와야 한다. 할메니얼 식품이든 어메니얼 식품이든, 서양 음식 맛에 길들여진 젊은이들이 가끔씩 우리 입맛을 찾는 것은 좋은 일이다.

"라떼는 말이야~"의 연원

어른들이 고리타분한 말을 계속 하면 듣고 있던 젊은이들은 이렇게 중얼거린다. "Latte is a horse." 번역하면 "라떼는 말이야"가 된다. 내가 군대있을 때는 말이야, 내가 젊었을 때는 말이야, 내가 시집살이할 때는 말이야, 어른들은 젊은이들과 얘기할 때 '말이야…'를 늘 입에 달고 산다. 어른들의 이런 말버릇에 대한 반작용 때문이었을까? 어른들이 지난날을 얘기하며 "나 때는 말이야…"라고 말하는 순간, 젊은이들은 서로 무언의 눈빛을 주고받으며 영어로 "라떼 이즈 어 호스"라고 말한다. 어른이 못 알아듣게 젊은이들끼리 쓰는 이 말에서는 은어(隱語)의 사회학을 엿볼 수 있다.

이 은밀한 유행어는 삼성생명 광고 '라떼는 말이야' 편(2019)에서 비롯됐다. 광고 모델이 라떼 커피의 가치를 "라떼는 말이야~"라고 설명하는 체 하면서 "나 때는 말이야"로 들리게끔 발음을 조작해 은어의 확산을 유발했다. 광고가 시작되면 배우 김병철이 커피를 마시며 "라떼는 말이야. 말이야."라고 코믹한 표정을 지으며 운을 뗀다. 커피 잔의 말(馬) 그림에 손짓하자 휘이잉 말울음 소리가 효과음으로 들려온다. 황당한 상황, 광고가 유머 코드로 흐를 것 같다. 한 번 더 "말이야"를 읊조리는 배우 김병철은 직장 후배들과 커피를 마시며 세 가지 이야기를 들려준다. 광고 속에 에피소드를 끼워놓은 형식이다.

김병철은 "나 때는 안 그랬는데 요즘은. 내가 조카한테 '너, 취직은 했니?' 하니까 '삼촌. 저, 일하는 거예요, 일.' 하더라고. 갑자기 인사하라고 해서 '안녕하세요' 하니까 반응이 그냥. '좋아요' '구독' 많이 눌러주세요." 직장 후배들 앞에서 다소 멋쩍은 듯이 혼잣말로 "크리에이터나 할까봐" 하며 계속 수다를 떤다. "어떤 시어머니가 아들네 냉장고를 보더니 '너네 요즘 밥은 해먹고 사니?' 이랬더니, 며느리가 시어머니에게 '어머니, 요즘 회사 밥이 얼마나 잘 나오는데요. 누가 집에서 밥해먹어요?' 이런 거야. 우리 회사도 회사 밥 잘 나오지, 응? 아, 그리고 옆 팀 팀장이 '뭐 시켜줄까?' 이랬더니 '퇴근시켜주세요' 그랬다는 거야."하며 계속 과잉된 몸짓을 하는데 정작 듣고 있는 후배들은 반응이 썰렁하다. 그는 완전히 변해버린 세태를 사례로 설명했다. "시대가 변했다. 그래서 보험도 변했다."라는 내레이션에 이어

삼성생명의 광고 '라떼는 말이야' 편 (2019)

"아~ 시대가 완전히 변했어."라고 하며 그가 한 번 더 오버한다. "어떤 인생을 살아가든 필요할 때 힘이 되도록 책임지는 인생금융. 인생금융 파트너- 삼성생명."이라는 내레이션이 흐르며 광고가 끝난다.

사회 분위기가 급변하고 있다는 것은 누구나 느끼는 현실이다. 이 광고에서는 세 가지 에피소드를 제시하며 시대가 변했음을 환기한다. 인터넷 1인 방송을 하는 조카가 컴퓨터만 하며 노는 것으로 착각해 취직은 안 하느냐고 묻자 "저, 일하는 거예요, 일."이라고 대꾸하는 조카, 집 밥을 먹어야 좋다고 생각하는 시어머니에게 "누가 집에서 밥해먹어요?"라고 대답하는 며느리, 그리고 저녁 뭐 시켜줄까라고 묻는 팀장에게 "퇴근시켜주세요"라고 말하는 팀원의 에피소드는 우리가 살고 있는 오늘의 자화상이다. '좋아요' 버튼을 눌러달라며 귀엽게 재롱떠는 장면을 비롯해 김병철의 물오른 연기력은 시종일관 우리를 웃게 한다. 그리고 "라떼는 말이야"라는 카피가 '나 때는 말이야'로 들리게 하는 설정은 유머 코드의 핵심 포인트이다.

꼰대를 향한 반전의 메시지, 이것이 이 광고의 노림수다. 시대가 변한만큼 보험도 변해야 한다는 뜻이다. 우리 인생에 생각보다 다양한 선택이 존재한다는 사실을 부각시켜, 고객이 어떤 인생을 살더라도 곁에서 책임지는 보험이 되겠다는 보험회사의 의지를 천명하고 있다. 세태의 변화를 실제 상황으로 보여준 다음 "시대가 변했다. 그래서 보험도 변했다."라는 슬로건으로 마무리함으로써 삼성생명이 인생의 금융 파트너가 되겠다는 메시지를 전달하는데 성공한 듯하다. 혜택을 강조하던 보험광고의 스타일에서 벗어나 시대의 표정을 비틀어 표현함으로써 주목을 끌었다. 광고업계에서 B급 감성이 대세라고 하지만, 일부러 촌스럽게 만드는 데, 웃기지도 못하면 주목을 끌지 못한다. 이 광고는 기성세대의 꼰대 기질이나 편견을 여지없이 깨버렸다. 그래서인지 노출 열흘 만에 조회수 200만을 돌파하는 기염을 토했다. '라떼는 말이야' 같은 카피는 앞으로 여러 제품 영역에서 두루 등장할 것이다.

지금 여러 기업에서는 역멘토링(reversed mentoring) 학습이 한창이다. 1980년대 초반에서 2000년대 초반 사이에 출생한 밀레니얼 세대가 계속 늘고 있는 현실에서 상사와 후배 간에 소통의 장벽이 점점 중요해지고 있기 때문이다. 역(逆)멘토링이란 임원이 사원으로부터 젊은 감각이나 새로운 트렌드를 배우는 학습 활동으로, 선배가 후배를 가르치던 기존의 멘토링과는 반대되는 개념이다. 『논어(論語)』에 나오는 지위나 나이 또는 학식이 자기보다 못한 사람에게 묻는 것을 부끄러워하지 않는다는 불치하문(不恥下問)의 지혜가

역 멘토링에 딱 맞는 말이다.[3]

삼성생명 광고가 인기를 얻은 배경은 메시지 내용이 역멘토링의 직장 문화와 맞닿아 있기 때문이다. '나 때는 말이야…'를 남발하는 꼰대들이 많은 상황에서 "라떼는 말이야~"라는 식의 아재개그를 하며 현실을 인정하고 절대 꼰대가 되지는 않겠다며 몸부림치는 직장 상사를 보는 것 같아 안쓰럽기도 하다. 역멘토링을 기성세대 모두가 환영하는 것은 아니다. 불편한 감정을 느낄 수도 있고 격세지감을 토로할 수도 있다. 하지만 세대는 교체된다. 사실 컴퓨터 앞에 앉아 있다고 해서 게임만 하는 것도 아니고, 반드시 집 밥만을 고수해야 하는 것도 아니며, 밥 시켜주면 당연히 야근해야 하는 것도 아니다.

역멘토링은 수평적인 조직문화를 만들고 의사소통의 장벽을 없애는 데 효과적이다. 한마디로 세대 간의 이해하기 프로그램이다. 가정에서나 직장에서나 세대 간에 서로 이해하려는 자세가 정말로 중요해졌다. 우리가 은어의 사회학을 주목해야 하는 이유도 결국 세대간의 소통 때문이다. 각양각색의 갈등과 불통이 날로 심각해지고 있는 상황에

---

3 정현천 (2012. 6). "불치하문: 역멘토링의 지혜." Dong–A Business Review, 107. https://dbr.donga.com/article/view/1303/article_no/5023

서, 군대를 비롯한 사회 각 분야에서 역멘토링의 장점을 두루 활용함으로써 소통의 폭을 조금 더 넓혀가기를 바란다.

우리나라 최초의 세탁기 광고

세탁기는 한국인의 빨래 문화를 변화시켰다. 1969년에 국내 최초로 생산된 세탁기는 고된 손빨래 노동에서 여성들을 해방시킨 고마운 가전제품이었다. 그렇지만 세탁은 여자가 해야 하고 반드시 손빨래를 해야 때가 빠진다는 고정관념이 심해, 사람들은 처음에 세탁기에 관심을 갖지 않았다. 세탁기 출시 50주년을 기념하는 광고에서 세탁 문화의 변천을 살펴보자.

LG전자의 LG트롬 트윈워시 광고 '한국인의 세탁' 편 (2019)은 다큐멘터리 형식으로 만들어졌다. 금성사(옛 LG전자)에서 1969년에 국내 최초로 생산한 백조세탁기의 광고 모델이었던 최불암 씨가 50년 만에 다시 LG트롬 트윈워시의 광고 모델로 출연했다. 최 씨가 진행하는 KBS의 교양 프로그램인 《한국인의 밥상》의 포맷을 '한국인의 세탁'이라는 제목으로 광고에 그대로 옮겨왔다. 최 씨가 "어느 동네

나 오래된 세탁소 하나씩은 있죠. 그중엔 종종 눈에 띄는 이름이 있습니다. 백조세탁소."라고 말하면서 광고가 시작된다. "1969년 우리나라 최초의 세탁기인 금성 백조세탁기가 첫 선을 보인 후 백조세탁소라고 이름을 짓는 경우가 많았다고 합니다." 주택가 사이사이를 돌아다니다 보니 놀랍게도 여태껏 백조세탁소가 남아있다.

최불암 씨는 세탁소 주인과 함께 자신이 모델로 출연했던 백조세탁기에 대해 이야기하며 추억에 젖어들었다. "그 세탁기가 아직 남아 있으려나? 한 번 만나러 가보겠습니다." 장면 전환이 이루어지고 최 씨는 경기도 이천시에 있는 LG역사관으로 이동했다. 놀랍게도 백조세탁기가 보관돼 있다. 세탁기의 변천에 대한 최 씨의 회상이 계속된다. "금성 백조세탁기. 이 세탁기가 바로 대한민국 세탁기의 시초입니다. 사람들을 놀라게 했던 LG 세탁기가 이제는 없어서는 안 될 꼭 필요한 가전이 되었습니다." 최 씨의 멘트가 끝나자 "세탁기를 다시 발명하다. LG트롬 트윈워시"라는 내레이션이 나오며 광고가 끝난다. 광고 중간 중간에 "분리세탁, 동시세탁", "공간절약, 시간 절약", "5방향의 터보 샷으로 더 깨끗하게. 트윈워시로 세탁은 이렇게 달라지고 있습니다", "최초에서 최고까지" 같은 자막을 넣어 요즘 세탁기의 특성을 강조하는 것도 놓치지 않았다.

이 광고는 LG전자가 세탁기 출시 50주년을 기념해서 만든 오마주(hommage)의 성격이 강한 광고였다. 그래서 1969년에 백조세탁기의 광고 모델이었던 최불암 씨를 50년 만에 다시 광고 모델로 소환했다. 프랑스어로 존경과 경의를 뜻하는 오마주는 앞선 작품이나 인물을 숭배하자는 취지에서 시도한다. 우리나라 세탁기의 역사를 한 눈에 보여준 이 광고에서는 "세탁기를 다시 발명하다"라는 카피로 생활가전을 지속적으로 혁신하겠다는 다짐을 표현했다. 나아가 50년이라는 시간의 흐름을 "한국인의 세탁"이라는 카피로 풀어내 세탁기의 역사에 대한 소비자의 향수를 자극했다. 메시지 구성력이 탁월한 이 광고는 2019 대한민국광고대상의 TV광고 부분에서 대상을 수상했다.

우리나라의 세탁 문화는 시대별로 빨래터 세탁시대(1900-1959)에서 옥내 세탁시대(1960-1979)를 거쳐, 세탁기 세탁시대(1980-1989)와 친환경 세탁시대(1990-현재)로 발전해왔다. 가전제품 기술이 발달하고 기능도 다양해짐에 따라 세탁기 디자인도 변화에 변화를 거듭해왔다. 태동기(1969-1979)와 성장기(1980-1989)를 거쳐 기능 다양화기(1990-1999)를 지나, 현재는 프리미엄 시기(2000-현재)에 접어들었다. 금성사에서 1969년 5월에 국내 최초로 생산한 '백조세탁기 WP-181'은 일본의 히타치사와 기술 제휴를

맺은 결과물로, 세탁통과 탈수통이 분리된 알루미늄 재질의 수동 세탁기였다.

백조세탁기로 인해 우리나라는 빨래터 세탁시대를 끝냈다. 손빨래를 대신해서 집에서 기계로 빨래하는 시대를 열었다. 백조세탁기 WP-181은 처음에 1,500대를 생산할 계획이었지만, 수요를 고려해 500대만 먼저 생산하기로 하고 1차로 195대를 생산했다. 그러나 고형 비누를 사용하는데 익숙한 소비자의 생활 습관과 세탁기를 사치품으로(당시 대기업의 대졸 신입사원 초봉이 월 20,000원 안팎이었는데, 세탁기 한 대 값은 53,000원이었다.) 여기는 시대 분위기 때문에 195대만 생산한 다음 일시적으로 생산을 중단했다. 그 무렵에 일본의 세탁기 보급률은 이미 70%를 넘어섰지만, 우리나라에서는 출시 첫해에 고작 195대만 생산했으니 처음 계획에 비하면 참담한 결과였다.[4]

세탁기는 여성의 일상생활을 크게 변화시킬 대표적인 가전제품이었는데도 이런저런 장애요인 때문에 초기에는 그다지 관심을 끌지 못했다. 그렇지만 세탁기는 차츰 우리나라 여성들의 인식을 바꾸고 일상생활의 혁명을 일으키는데

---

4 김병희 (2022). "세탁기 광고의 흐름." 『가전제품 광고로 보는 주방문화의 변천』. 서울: 학지사. pp.297-352.

LG트롬 트윈워시의 광고 '한국인의 세탁' 편 (2019)

결정적인 영향을 미친다.

금성사의 백조세탁기는 여성의 육체적인 세탁 노동을 가정 기기로 대체하는 전환점을 제공했다. 그리고 여성의 일상생활을 혁명적으로 변화시켰다. 여성들은 빨래를 세탁기에 맡기고 노동시장에 진출하거나 가사노동으로부터 자유로워지기 시작했다. 여성의 여가시간도 늘어났다. 그런 의미에서 세탁기는 주부들의 빨래만 대신한 것이 아니라 여성의 역할에 대한 고정관념을 세탁하는데도 결정적으로 기여했다.

'한국인의 세탁' 광고를 통해 현대적 의미의 소비의식이 잉태되던 순간을 엿볼 수 있었다. 앞으로 세탁기와 여성의 삶은 각기 어떤 모습으로 바뀌어 갈까? 유심히 지켜볼 일이다.

광고에 출연한 소크라테스 "아! 테스형"

2020년 9월 30일, 추석 연휴 기간에 KBS-2TV에서 방송된 가수 나훈아의 '대한민국 어게인' 공연은 전국 시청률 29%로 국민적인 주목을 받았다. 기성세대는 물론이거니와 MZ 세대들도 나훈아에 '덕통사고'(뜻밖의 교통사고처럼 어떤 일을 계기로 갑자기 어떤 대상의 팬이 됨을 비유)를 당했다며 공연에 열광했다. 공연의 열기도 대단했지만 〈테스형〉(2020)이라는 노래가 엄청난 화제가 됐다. "아! 테스형. 세상이 왜 이래. 왜 이렇게 힘들어. 아! 테스형. 소크라테스형. 사랑은 또 왜 이래? 너 자신을 알라며, 툭 내뱉고 간 말을. 내가 어찌 알겠소, 모르겠소 테스형." 테스형이 누굴 말하나 싶었더니 소크라테스였다.

광고에서도 아주 가끔씩 철학자 소크라테스가 등장하고는 했다. 피자헛코리아의 텔레비전 광고 '1+2 소크라테스' 편(2020)에서는 《소크라테스의 죽음(The Death of Socrates)》

(1787)이라는 명화를 패러디했다. 이 그림은 플라톤의 '대화편'에서 소크라테스가 독약을 마시기 직전 상황을 묘사한 대목을 신고전주의를 대표하는 프랑스 화가 자크 루이 다비드(Jacques-Louis David, 1748-1825)가 그려낸 고전 명작이다. 아테네 정부로부터 독약 형을 선고받은 소크라테스가 죽기 직전에 제자와 동료에게 그의 생각을 전하는 장면을 그린 그림이다. 광고에서는 소크라테스가 제자와 동료에게 자신의 사상을 전하는 장면을 피자헛의 프로모션에 대해 설명하는 내용으로 바꿨다.

"세계여, 코리아를 알라."라는 자막과 함께 광고가 시작된다. 뭔가 괴로워 보이는 남성들에게 둘러싸인 소크라테스가 왼쪽 손을 들고 집게손가락으로 허공을 가리키며 차분하게 설명을 이어간다. "코리아에선 피자 하나 사면 피자에 아이스크림까지 준다네! 후식까지 생각하다니. 그것도 매그넘을 4개나... 이것은 진정 하나로 다 되는 위대한 프로모션이구나! 피자헛코리아의 역사적 프로모션." 피자 하나를 사면 아이스크림까지 준다는 카피에 모두들 감탄하는 장면을 생생하게 표현했다.

설명이 끝나면 "피자헛 1+2 혜택"이라는 자막과 함께 "이야~ 이게 대체 몇 개고?"라는 경상도 사투리가 흐르며 광고가 끝난다. 이 광고에서는 피자헛에서 1+2의 역대급

피자헛코리아의 광고 '1+2 소크라테스' 편 (2020)

판매촉진 활동을 진행한다는 사실을 테스형을 통해 알렸다. 여러 기업에서 각종 할인 행사를 광고로 많이 만든 탓에 어지간해서는 차별화하기 어려운 상황에서, 피자헛 광고에서는 판매촉진 자체를 강조하기보다 소비자 혜택을 사랑과 철학의 맥락에서 해석해 인상적으로 표현했다.

서울 마포대교에 설치한 옥외광고 '생명의 다리: 소크라테스' 편(2013)에서는 "너 자신을 알라"라는 소크라테스의 명언을 적극적으로 활용했다. 자살자가 많아 자살 대교라는 오명을 얻은 마포대교를 희망의 장소로 탈바꿈하기 위해 삼성생명, 서울시, 제일기획이 공동으로 '생명의 다리' 캠페인을 기획해 2012년 9월부터 시작한 광고다. 난간을 물리적으로 높이기보다 위로의 한 마디 말이 자살하려는 마음을 바꾸는데 더 효과적이라고 판단하고 보행자의 이동 순서와 눈높이에 맞춰 마포대교 난간에 마음을 보듬는 내용의 광고 카피를 게시했다. 밤에 조명이 들어오면 난간에 새겨진 카피가 더 선명하게 부각된다.

"밥은 먹었어? 잘 지내지?", "요즘 바빠?", "무슨 고민 있어?", "가슴이 먹먹할 때 어때요? 노래 한번 불러보는 거", "가장 빛나는 순간은 아직 오지 않았다", "3년 전 걱정은 기억나?", "1년 전 걱정은?", "6개월 전 걱정은?", "지금 그 걱정도 곧 그렇게 될 거야", "아들의 첫 영웅이고 딸의 첫사

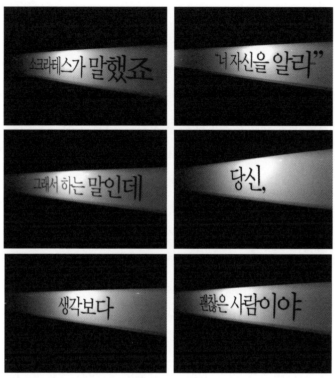

삼성생명의 광고 '생명의 다리: 소크라테스' 편 (2013)

랑인 사람", "아내의 믿음이고 집안의 기둥인 사람", 당신
은 아빠입니다." 이런 카피에서 사람들은 많은 위안을 받았
다. 테스형의 명언을 활용한 카피는 이렇다. "소크라테스가
말했죠", "너 자신을 알라", "그래서 하는 말인데", "당신,",
"생각보다", "괜찮은 사람이야."

　광고 카피로 활용된 소크라테스의 명언은 희망의 메시지

를 전했다. 극단적인 생각을 했던 사람이든 그렇지 않은 사람이든 밤중에 마포대교 난간에서 빛나고 있는 카피를 보며 깊은 생각에 잠겼으리라. 이 캠페인이 자살 예방에 얼마나 기여했는지 성과를 따지는 것은 그 다음 문제다. 외로운 영혼들과 쌍방향 소통을 시도했다는 사실이 더 중요하다. 어쨌든 이 캠페인은 칸라이언즈나 클리오 같은 국제광고제에서 15개의 상을 받아 사회공헌 프로그램의 가치를 널리 인정받았다.

나훈아의 노래에서는 테스형을 직접 호명(呼名)하면서 세상이, 사랑이, 세월이 왜 이 모양이냐고 직접 물었다. 그에 비해 광고에서는 테스형의 이미지만 슬쩍 환기하는데 그쳤다. 피자헛 광고에서는 테스형이 연기를 하지 않고 그림 속의 배경으로만 등장했고, 마포대교 옥외광고에서는 명언을 남긴 옛 철학자로만 언급됐다. 그렇기 때문에 테스형이 '지금 여기' 곁에 있듯이 느껴지지는 않는데, 광고의 완성도 면에서 볼 때 아쉬운 대목이다.

들을수록 웃음이 나는 노래 〈테스형〉에서 다음 구절이 단연 압권이다. "아! 테스형, 세상이 왜 이래", "사랑은 또 왜 이래", "세월은 또 왜 저래.", "너 자신을 알라며 툭 내뱉고 간 말을 내가 어찌 알겠소. 모르겠소 테스형." 노래에서도, 광고에서도, 한동안 테스형이 대세가 될 것 같다. 앞으로는 테스형이 호명되거나 배경으로만 머물지 말고 실제로 연기하도록 하는 광고 메시지를 구성해야 한다. 그래야 죽은 소크라테스가 벌떡 일어나 "너 자신을 알라"며 내뱉는 현존감(現存感)이 살아나지 않을까?

테스형은 이제 우리 시대의 문화적 유전자 밈으로 떠올랐다. 최근에는 인기 캐릭터 펭수도 '테스형!'을 부르며 나훈아 열풍에 동참했다. 온 나라가 안다미로(가득히) 테스형 열풍이다. 철학이 사라진 시대에 테스형이 우리에게 돌아왔다. 돌아온 테스형은 우리가 묻기도 전에 먼저 "세상이 왜 이러냐?"하면서 우리들 스스로 답을 찾게 할 것이다. 저서를 한권도 남기지 않은 소크라테스는 상대방에게 질문을 던져 스스로 깨닫게 하는 방법으로 철학을 설파했다. 이참에, 철학은 없고 물질만 숭배하는 세태를 돌아보는 시간을 가져보면 좋겠다.

위인들의 구두와 발 치수

군인은 군화를 신고, 운동선수는 스포츠화를 신는다. 그리
고 우리 모두는 구두를 비롯한 각종 신발을 신고 일상생활
을 한다. 천리 길도 한 걸음부터라는 속담처럼, 모든 일은
첫 걸음부터 시작된다. 인류 역사에 위대한 족적(足跡)을 남
긴 인물들은 어떤 신발을 신었을까? 구두 광택제(shoe polish)
광고를 맡은 광고 창작자들이라면 당연히 호기심을 가질
법하다. 유명인의 신발에서 발자취를 추적해 역사적인 신
발로 재해석해 인생 스토리를 만들어낼 수 있기 때문이다.

키위(KIWI) 구두약 광고에서는 구두를 단순한 신발 이상
의 위대한 발걸음으로 해석했다.(키위 광고는 앞에서도 한 번 다
뤘다.) 구두나 구두약 광고에서 보통 인기 있는 모델이 등장
하는 것과 달리 이미 세상을 떠난 위인들의 인생을 차용했
다. 레트로를 넘어 복고를 재해석한 셈이다. 영상 시대가 되
면서 긴 카피보다 짧은 카피가 대세가 됐지만, 이 캠페인에

서는 긴 카피를 써서 이야기의 힘을 보여주었다. 보통 광고 카피는 짧고 명쾌해야 소비자들이 더 쉽게 기억한다. 소비자의 관점에서는 알아야 할 정보가 도처에 널려있기 때문에, 굳이 긴 카피를 읽으려 하지 않는다. 광고회사의 팀장들도 신참 카피라이터들에게 카피를 짧게 쓰라고 가르치는 것이 보통이다. 그런데 항상 카피를 짧게 써야 하는 것이 원칙은 아니다. 필요할 때는 얼마든지 길게 써도 된다. 미국 금융회사 메릴 린치(Merrill Lynch)의 광고를 보면 무려 6,450개의 단어가 카피로 쓰였다. 〈뉴욕 타임즈〉(1948. 10. 19)에 1회 게재해서 10,000여 통의 회신을 받았다.[5]

광고회사 오길비의 시카고 지사의 창작자들은 키위(KIWI) 광고로 무하마드 알리, 에이브러햄 링컨, 어니스트 헤밍웨이, 아멜리아 에어하트, 빈스 롬바디(Vince Lombardi, 1913-1970), 플로렌스 나이팅게일(Florence Nightingale, 1820-1910) 같은 6명의 신발을 소재로 활용해 2018년에 광고 캠페인을 전개했다.

'알리' 편에서는 신발 주인의 영광과 고난을 생생하게 소개했다. 복싱 슈즈가 광고 지면의 절반을 차지할 정도다.

---

5   Mathew Slavica (2020), "How to Create Advertising that Positions You to Win," Digital Stand. https://digitalstand.com/advertising-that-works

"만약 이 신발이 말을 할 수 있다면 절대로 말을 멈추지 않을 것입니다(If These Shoes Could Talk, They'd Never Stop Talking)." 말을 많이 했던 권투선수 알리의 특징을 구두에 빗댄 헤드라인이다. 복싱 슈즈 사진 옆에는 이런 설명을 덧붙였다. "복싱 슈즈 사이즈13. 1959년산. 그는 움직이고 발을 끌면서 싸움을 멈추지 않았다." 알리가 실제로 신었던 복싱화로 그의 인생을 표현했다.

무하마드 알리(Muhammad Ali, 1942-2016)는 세계 헤비급 챔피언에 세 번이나 등극한 유일한 복싱 선수다. 통산 전적 61전 56승 5패라는 기록을 세웠고, 자신의 복싱 방법을 "나비처럼 날아서 벌처럼 쏜다"라는 말로 비유했다. 보디카피는 광고에 제시된 슈즈가 그저 평범한 복싱화가 아니라 알리가 신던 오리지널 복싱 슈즈이며, 역사상 가장 위대한 슈즈라는 내용으로 시작한다. 그리고 보디카피가 계속 이어지다가 마지막에 가서, 알리는 누구도 시도하지 않던 스텝을 밟았고 누구도 따라할 수 없는 스텝을 밟았는데, 그 스텝은 지금까지도 여전히 경이롭다고 설명하며 광고가 끝이 난다.

'링컨' 편에서는 커다란 가죽 부츠(장화)가 한 눈에 들어온다. 광고 지면의 절반을 차지할 정도로 배치된 부츠 위쪽에는 다음과 같은 헤드라인이 있다. "이 부츠는 국가의 추(錘)

를 옮겼습니다(These Boots Carried the Weight of a Nation)." 부츠 사진 옆에는 부츠의 특성에 얽힌 이야기를 상세한 카피로 설명했다. "가죽 부츠 사이즈14. 1863년산. 많은 남자들이 이 부츠를 신을 수 있었지만 단 한 사람만이 이 부츠를 꽉 채울 수 있었다." 긴 장화에 걸맞은 인물이 따로 있다는 점을 강조했다.

광고에서는 가난한 이민자의 아들로 태어나 미국의 제16대 대통령을 지낸 에이브러햄 링컨(Abraham Lincoln, 1809-1865)의 일생을 흥미진진하게 묘사했다. 펜실베이니아주 게티즈버그 외곽의 들판을 링컨이 진흙투성이와 피에 흠뻑 젖은 부츠를 신고 걸어왔다는 사실을 설명하며 보디카피가 시작된다. 이어서 저 유명한 링컨의 게티즈버그 연설이 어떻게 시작됐는지 소개했다. 단지 272 단어로 2분도 걸리지 않았다는 사실을 소개하고, '시민의, 시민에 의한, 시민을 위한 정부'는 지구상에서 결코 사라지지 않는다는 링컨의 유명 명구로 보디카피를 마무리한다.

'헤밍웨이' 편에서도 인물의 특성을 고스란히 살렸다. 로퍼 구두가 광고 지면의 절반을 정도를 차지하고 있다. "그가 쓴 모든 이야기는 로퍼를 신은 채 타자기 앞에 서 있는 남자와 함께 시작됐습니다(Every Story He Wrote Started With a Man Standing at a Typewriter, Wearing Loafers)." 헤드라인에 이어

IF THESE SHOES COULD TALK, THEY'D NEVER STOP TALKING.

키위의 광고 '알리' 편 (2018)

THESE BOOTS CARRIED THE WEIGHT OF A NATION.

키위의 광고 '링컨' 편 (2018)

EVERY STORY HE WROTE STARTED WITH A MAN STANDING AT A TYPEWRITER, WEARING LOAFERS.

키위의 광고 '헤밍웨이' 편 (2018)

POSSIBLY THE HIGHEST HEELS EVER MADE.

키위의 광고 '에어하트' 편 (2018)

로퍼 구두 사진 옆에는 상세한 설명을 덧붙였다. "페니 로퍼 사이즈12. 1954년산. 펀치 날리고, 소와 경주하고, 총알 피하고, 소설 쓸 때 신은 로퍼." 작가의 생생한 일상을 알 수 있다.

광고에서는 미국의 소설가 어니스트 헤밍웨이(Ernest Hemingway, 1899-1961)의 강렬한 인생을 극적으로 묘사했다. 헤밍웨이가 자살한 다음 사람들이 그의 유물을 분류했더니 단편소설 모음, 타이프라이터, 사냥 가방, 벽장에 가득 찬 구두가 나왔다는 내용으로 보디카피가 시작된다. 작가의 격정적인 일상생활도 상세히 묘사했다. 그리고 1954년에 노벨 문학상 수상 소감을 과거의 작가들에게 바치는 32단어의 짧은 문장으로 발표했다는 사실과 세계적인 작가로서 현대 문학에 큰 영향을 미쳤다는 내용을 설명하며 보디카피를 마무리한다. 간결하고 힘찬 그의 문체가 미친 영향도 소개했다.

'에어하트' 편에서는 여성의 가죽 구두가 반짝반짝 빛나고 있다. "아마도 지금까지 만들어진 가장 높은 하이힐일 것입니다(Possibly the Highest Heels Ever Made)." 광고에 제시된 구두의 굽이 그다지 높지 않은데도 헤드라인을 이렇게 쓴 까닭은 무엇일까? 구두 주인공이 하늘을 나는 최초의 여성 비행사였기 때문이다. 구두 사진 옆에 설명한 카피를 보면 그 이유가 분명해진다. "브라운 드레스 구두 사이즈6. 1932년산. 이 구두는 유리천장을 깨트린 동시에 유리 하늘 (glass sky)까지 산산 조각냈습니다."

아멜리아 에어하트(Amelia Earhart, 1897-1937)는 대서양을 횡단 비행한 최초의 여성 비행사이다. 1937년 6월 1일 적도를 따라 세계 일주 비행에 도전한 그녀는 6월 2일 이후로 연락이 두절돼 세상과 작별했다. 그녀가 마이애미 시립공항의 활주로에서 군중에게 손을 흔들었다는 대목부터 광고의 보디카피가 시작된다. 그리고 그녀의 용감한 비행 활동을 소개한 다음, 무엇이든 가능하다는 사실을 세상에 보여준 그녀의 끈기와 정신력은 전 세계에 엄청난 반향을 일으켰다는 사실을 강조하며 보디카피를 마무리한다. 광고에서는 금지된 영역을 깨트린 용감한 여성이라며 선구자로 묘사했다.

키위 광고에서는 유명인의 일생을 흥미진진한 스토리로 전달하되, 반드시 신발과 관련지어 이야기를 풀어나갔다. 구두 사진과 긴 카피가 조화를 이루는 레이아웃 디자인이 뛰어난 광고들이다. 이 캠페인은 창작 솜씨를 인정받아 2018년 칸 라이언즈에서 솜씨(Craft) 부문의 그랑프리를 받았다. 하지만 구두 광택제 광고인데도 이에 대해 전혀 설명하지 못하고 구두만 보여주고 그쳤다는 점은 아쉽다. 나이키 광고에서 스포츠 관련 메시지만 제시하고 굳이 나이키에 대한 설명은 하지 않듯 키위도 구두약으로 이미 유명한 브랜드라 굳이 설명할 필요가 없었을 수도 있다.[6]

광고에 알리, 링컨, 헤밍웨이의 인물 사진 없어도 카피를 읽다보면 그들의 인생이 생생히 느껴진다. '알리' 편의 복싱 슈즈와 카피만 봐도 링에 오른 알리가 스텝을 밟고 잽을 날리는것이 연상된다. 광고에 나타난 키위의 브랜드 슬로건은 이렇다. "평등은 첫 걸음부터 시작된다(Equality Starts With a First Step)." 신발 신고 첫 발을 뗄 때는 누구나 평등하지만 모든 것에는 각각의 역할과 자리가 있다. 광고에 등장한 유명인들도 자기 발에 맞는 신발을 신고 인생의 여정을 떠났다. 우리는 어떠한가? 지금 꿈꾸는 것이 자신에게 맞는 신발인지 아닌지, 과도한 욕심을 담은 큰 신발은 아닌지, 아니면 자기 신발에 꽉 차도록 열심히 살고 있는지, 모두가 신발 치수를 다시 재봐야 할 때다. 복고를 재해석한 키위 구두약 광고는 우리 자신의 신발 크기를 되돌아보게 한다.

---

6 Omar Oakes (2018. 6. 20). "Story behind Muhammad Ali's shoes wins Ogilvy the Industry Craft Grand Prix at Cannes." Campaign. https://www.campaignlive.com/article/story-behind-muhammad-alis-shoes-wins-ogilvy-industry-craft-grand-prix-cannes/1485584

3부 –
코로나19

위기를 기회로
만드는 광고

TREND _____

NEWTRO _____

COVID-19 _____

SEASON _____

HUMOR _____

"Just do it" 대신 "Just don't do it"

코로나19가 창궐해 사회적 거리두기를 실시하자, 국내외 기업들은 동참의 메시지를 담아 브랜드 로고를 일시적으로 변형했다. 로고의 간격을 띄우거나 슬로건을 바꾸는 사례가 대표적이었다. 코로나19 시기에 나타났던 흥미로운 소비문화 현상이었다. 광고인들은 사회적 거리두기를 직접 강조하지 않고 브랜드 로고를 슬쩍슬쩍 비틀어 새 것으로 탈바꿈시키는 창의적인 재치를 발휘했다.

브랜드의 로고를 비트는 탈바꿈의 서막은 슬로베니아의 광고회사인 AV 스튜디오의 크리에이티브 디렉터 주어 토블잔(Jure Tovrljan)이 열었다. 그는 사회적 거리두기에 대한 싸구려 콘텐츠가 소셜 미디어에 넘친다고 하면서 브랜드의 로고를 개조해 드리블(Dribbble) 공유 사이트에 업로드 했다. 새로운 로고에는 사람들 모두가 집에 잘 머물기를 바란다는 메시지를 담았다. 광고주의 허락을 받지는 않았지만 바뀐 로고에 사람들은 열광했다.[1] 그 후 여러 기업에서는 자발적으로 브랜드 로고를 변형시켰다. 사회적 거리두기를 실천하자며 그가 제시한 시안들을 살펴보자.

나이키의 슬로건인 "Just do it"은 코로나 시대에 걸맞게 "Just don't do it"으로 바꾸었다. 스타벅스 로고에는 사이렌 요정이 마스크를 쓴 채 등장한다. 그리스 신화에서 아름다운 목소리로 뱃사람을 유혹하던 '사이렌' 인어 요정이 보호 마스크를 착용한 것이다. 미국프로농구(NBA)의 로고에 등장하는 제리 웨스트(Jerry West)의 실루엣도 농구공을 들고 뛰는 모습에서 노트북 앞에 비스듬히 누워있는 모습으로 바뀌었다.

원래의 올림픽 로고는 5개의 원이 서로 겹쳐져 있는 것이지만, 새 로고에서는 원들이 각각 떨어져 나와 사회적 거리를 유지하고 있다. 마스터카드의 원래 로고에는 빨강과 노랑의 원이 붙어있지만, 새 로고에서는 원 2개가 안전거리를 유지하며 서로 떨어져 있다. 코로나19와 이름이 똑같아 곤욕을 치렀던 코로나맥주의 새 로고에서는 원래의 스타일은

[1]   Ann—Christine Diaz (2020. 3. 18.). "These Famous Logos Have Been Remade for the Coronavirus Age: Slovenia—Based Creative Jure Tovrljan Incorporated 'Social Distancing' and Other Measures to Famous Marks." Ad Age. https://adage.com/creativity/work/jure—tovrljan—coronavirus—logos/2245061

유지하고, 브랜드 이름이 있던 자리에 "새 이름을 지어주세요(Need new name)"라는 카피를 넣었다. 이밖에도 링크드인(LinkedIn)은 '링크드아웃(LinkedOut)'으로, US오픈(US Open)은 'US클로즈드(US Closed)'로 바뀌었다.

토블잔이 시안으로 제시했던 참신한 아이디어는 순식간에 들불처럼 퍼져나갔다. 급기야 여러 기업에서도 브랜드 로고를 일시적으로 바꾸며 거리두기 캠페인에 동참하는 일을 벌였다.

코카콜라는 뉴욕의 타임스퀘어 옥외광고판에서 알파벳 사이에 여백을 두고 글자 사이 간격을 넓게 띄운 로고를 선보였다. 로고 아래에는 "떨어져 있는 것이 단합을 유지하는 최선의 방법(Staying apart is the best way to stay united)"이라는 카피를 새로 덧붙였다. 브라질의 맥도날드에서는 '엠(M)' 자 모양의 아치형 로고 사이에 간격을 넓힌 옥외광고와 소셜미디어 광고를 선보였다. 인도의 맥도날드에서도 '엠(M)' 자를 상징하는 황금색 아치가 서로 떨어져 있는 로고를 소셜미디어에 올렸다. 아우디는 원 4개가 고리로 연결된 로고를 띄우고, 그 아래에 "거리를 유지합시다(Keep distance)"라는 카피를 덧붙였다. 폭스바겐도 원래의 브랜드 로고에서 위아래로 붙어있던 '브이(V)' 자와 '더블유(W)' 자를 떼어놓았다.

브랜드 로고 비틀기의 사례1 (2020)

　국내에서도 야놀자를 비롯한 여러 기업에서 변형된 로고
를 선보였다. 야놀자는 기존 로고의 '야(ya)'와 '놀자(nolja)'
사이에 2미터의 사회적 거리 유지를 표시한 변형 로고를 선
보였다. 기존의 로고에 "다음에"라는 카피를 넣어 "야, 다
음에, 놀자"로 읽히도록 재치 있게 표현함으로써 사회적 거
리두기를 독려했다. 카카오도 포털 서비스 '다음(Daum)'의
로고에서 글자 사이의 간격을 넓히고 그 아래에 "우리 다음

에 보자"라는 카피를 추가했다. 카카오톡도 시작화면에서
마스크를 쓴 라이언 캐릭터를 선보이며 사회적 거리두기
캠페인을 전개했다.

그밖에도 여러 기업에서 로고를 변형시켜 사회적 거리두
기의 필요성을 호소했다. 로고 비틀기가 기업의 브랜드 정
체성을 훼손할 가능성이 있는데도 기업들이 이런 시도를
하는 이유는 무엇일까? 사회적 거리두기에 동참하려는 목
적도 있겠지만, 코로나로 인해 광고 마케팅 활동이 위축된
상황에서 소비자들의 관심을 끌고 재미를 유발하려는 의도
가 더 강했다.

토블잔은 자신의 표현 방법이 긍적적 모창법(模創法,
spoofy way)이라고 말했는데, 어떤 콘텐츠를 시대의 트렌드
에 걸맞게 비틀어 표현하는 기법이다. 놀림이나 조롱의 뜻
으로 쓰이는 스푸프(spoof)는 패러디나 성대모사를 의미하
기도 한다.[2] 사람을 즐겁게 하는 성대모사를 생각해보면 로
고의 변형이 코로나에 지친 사람들을 왜 즐겁게 만들었는
지 이해할 수 있다. 토블잔의 작업이 브랜드의 정체성을 훼
손한다며 일부 비판하는 사람들도 있었지만 종합해서 봤을

　김병희 (2021), "언택트 환경에서 광고 크리에이티브의 지향점". 김병희, 유승철,
　　정세훈, 김동후, 한규훈, 이성복, 박선미 (2021), 『언택트 시대의 광고 크리에이티
　　브』, 서울: 학지사. pp.15–56.

브랜드 로고 비틀기의 사례2 (2020)

때 호평하는 사람들이 훨씬 더 많았다.

사회적 거리두기에 따라 사람들이 혼자 있을 때는 무엇을 했을까? 영상물을 봤을 수도 있지만 책 읽기에 딱 좋은 시간이었다. 출판물을 알리는 홍보물에서도 긍정적 의미를 담은 모창법을 써서 출판사의 로고를 비틀어보면 어땠을까? 예컨대, 출판사 '좋은습관연구소'에서는 글자 사이에 책 그림을 넣어 '좋은(책)습관(책)연구소' 식으로 글자 간 거리를 떼서 표현할 수도 있겠다. 로고 변형을 시도할 때는 브

랜드와의 상관성을 고려해 재치 있게 표현하는 솜씨가 가
장 중요하다.

코로나19 시기에는 이런 말을 많이 했다. "다들힘들다."
드라마《이상한 변호사 우영우》(2022)에서 주인공 우영우가
자기 소개를 할 때 쓰는 말처럼 앞에서부터 읽어도 다들 힘
들다, 뒤에서부터 읽어도 다들 힘들다, 이다. 이처럼 기업의
로고 변형은 사회적 거리두기로 힘들었을 시기에 많은 사
람들에게 웃음거리를 선사했다.

레슨 기법에 의한 감염병 예방 광고

2020년 이후 전 세계를 강타한 코로나19는 우리를 둘러싼 모든 것에 지각변동을 일으켰다. 과거에는 속도가 더해지는 변화였다면, 코로나19 이후에는 진행 방향의 변화나 패러다임의 변화를 가져왔다. 한마디로 사람들의 사고 체계와 행동 방식을 크게 뒤흔들었다. 우리 모두는 직장이나 학교에서 일상생활의 접점이 이전과는 다른 무엇으로 재편되고 있음을 실감했다. 산업현장에서뿐만 아니라 개인 단위에서도 무엇을 취하고 무엇을 버릴 것인지 결정해야 하는 고민의 강도가 심해졌다. 여기에 위생에 대한 경각심도 한층 더 높아졌다. 여기저기 손 씻기를 독려하는 캠페인이 이어졌고, 손 소독기와 세정제가 곳곳에 비치되었다. 전문가들은 마스크 착용과 손 씻기가 감염병의 확산을 방지하는 첩경이라고 했다. 그런데 하루에도 몇 번씩 손을 씻는 우리는 손 씻기를 제대로 하고 있는걸까?

질병관리본부는 코로나 사태가 일어나기 전부터도 기침 예절과 손 씻는 법을 알리는 광고홍보물을 만들어 국민 계도에 앞장서왔다. 올바른 손 씻기를 잘 모르는 국민들이 그만큼 많았기에 광고까지도 하지 않았나 싶다. 이쯤에서 독자에게 질문 하나를 던져 보자. 손 씻기에서 가장 중요한 것은 비누일까? 마찰일까? 정답은 손을 비비는 마찰이다. 질병관리본부는 손만 제대로 씻어도 감염병을 절반으로 줄일 수 있다며, 비누로 손을 씻되 30초 이상 두 손을 빡빡 문지르며 씻으라고 강조했다. 그리고 콜레라, 장티푸스, A형간염, 세균성이질 같은 수인성 감염병은 손만 제대로 씻어도 거의 예방할 수 있다고 했다.

질병관리본부의 광고 '손 씻기 6단계' 편(2016)은 교실에서 선생님이 학생을 가르치듯 손 씻는 법을 차근차근 알려주는 40초 분량의 공익광고다. 처음에는 지상파 방송에 나갔지만 지금은 질병관리본부의 유튜브 채널 '아프지마TV'에서도 볼 수 있다. 광고가 시작되면 한 남자가 사무실에 찾아온다. "반갑습니다." "잠시만요." 방문객이 악수를 청하자 상대방은 머뭇거린다. 세균이 붙어있던 손은 보랏빛으로 변해버린다. "치즈버거 세트 하나 주세요." 주문하고 돈을 지불한 다음 먹으려고 햄버거를 집어 올리자 세균이 덕지덕지 붙은 보랏빛 손이 부각된다. 그 순간 다음과 같은 내

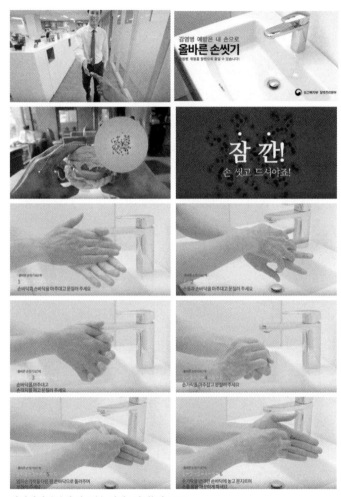

질병관리본부의 광고 '손 씻기 6단계' 편 (2016)

레이션이 이어진다.

"잠깐! 손 씻고 드셔야죠! 감염병 예방의 시작은 손 씻기입니다. 올바른 손 씻기를 통해 감염병을 절반으로 줄일 수 있습니다. 이제 올바른 손 씻기 6단계로 스스로의 건강을 지키세요." 내레이션이 나오는 중간 중간에 손 씻기의 6단계를 실연(實演)하는 장면과 함께 각 단계를 설명하는 자막이 동시에 뜬다. 1단계 "손바닥과 손바닥을 마주대고 문질러 주세요", 2단계 "손등과 손바닥을 마주대고 문질러 주세요", 3단계 "손바닥을 마주대고 손깍지를 끼고 문질러 주세요", 4단계 "손가락을 마주잡고 문질러 주세요", 5단계 "엄지손가락을 다른 편 손바닥으로 돌려주면서 문질러 주세요", 6단계 "손바닥을 반대편 손바닥에 놓고 문지르며 손톱 밑을 깨끗하게 하세요"라는 자막이 차례로 나온다. 6단계를 설명하는 화면에 이어 "감염병 예방은 내손으로. 올바른 손 씻기- 질병관리본부"라는 슬로건이 나오며 광고가 끝난다.

이 광고는 흥미롭지도 감동적이지도 않다. 하지만 메시지 전달력은 분명하다. 광고 메시지의 표현 전략에 수업(lesson) 기법이 있는데, 광고 메시지를 애써 흥미롭게 구성하지 않고 사실을 있는 그대로 전달하며 소비자를 교육시키는 스타일이다. 예를 들어, 로봇 청소기 같은 혁신적인 제품이 나왔을 때 사용법을 차근차근 설명하는 식의 표현 기법이다. 제대로 손 씻는 법을 알리기 위해 이 광고에서는 수업 기법을 활용했다. 사람들은 단순한 손 씻기가 아닌 여섯 단계를 거쳐야 할 정도로 정교하게 씻어야 한다는 사실을 이 광고를 보고 나서야 깨닫는다.

지금은 손 씻기로 감염병을 예방할 수 있다는 사실을 우리 모두가 알고 있다. 하지만 이렇게 되기까지 길게는 2000여 년, 짧게는 140여 년의 세월이 필요했다. 잠깐, 지금은 당연시하는 손 씻기의 기원(起源)을 찾아가 보자. 개인위생을 지키는 핵심 요인인 손 씻기는 유대교의 정결례 의식 같은 종교적 관습에서 시작되었다. 그 후 1846년에 비엔나 종합병원에서 일하던 헝가리 출신의 의사 이그나츠 제멜바이스(Ignaz Semmelweis, 1818~1865)가 손 씻기의 중요성을 발견했다. 이로 인해 그는 후대에 손 씻기의 아버지로 불린다.

1846년, 제멜바이스는 산부인과 의사의 도움으로 받고 분만하는 산모의 사망률이 조산사의 도움을 받는 산모의 사망률에 비해 매우 높다는 사실에 주목했다. 조사에 착수한 그는 산부인과 의사와 의대생들이 사망자를 부검하고 나서 곧바로 분만실에 오는 경우가 있다는 사실을 확인했고 그들의 손에 부검 사체의 오염 물질이 남아있을 것이라고 추정했다. 비엔나병원에 입원했던 산모들이 산욕열로 사망하는 빈도가 높았던 원인을 의사의 손에 묻어있는 병균에서 찾은 그는 분만실에 오는 모든 의사에게 소독제로 손을 반드시 씻도록 하는 규율을 만들었다. 그러자 18% 정도 되던 산모의 사망률이 1-2% 수준으로 급격히 떨어지는 효과가 나타났다. 그러나 권위적인 의사들의 질투와 비난으로 그의 노력은 인정받지 못했다. 심지어 비엔나병원에서 해고돼 헝가리로 돌아온 그는 신경증으로 고생하다가 47세에 사망했다.[3]

몇 년 후 크림 전쟁(1853-1856)이 발발하자 감염 환자가 급증했다. 대부분의 의료진은 감염의 원인을 독기나 악취(miasmas, 나쁜 공기)에서 찾았다. 그러나 영국 간호사였던 플로렌스 나이팅게일(Florence Nightingale, 1820-1910)은 자신이 근무하던 전쟁터의 병원에서 손 씻기를 적극적으로 시행했다. 그러자 부상당한 환자들의 감염이 현격히 줄어들었다.[4] 실제 감염의 원인은 다른 곳에 있었던 것이다.

의사 제멜바이스가 손 씻기의 아버지라면 간호사 나이팅게일은 손 씻기의 어머니다. 두 사람의 노력에도 불구하

---

3 Global Handwashing Partnership (2017), "About Handwashing: History," https://globalhandwashing.org/about—handwashing/history—of—handwashing/

4 Biography (2020), "Florence Nightingale Biography." https://www.biography.com/scientist/florence—nightingale

고 손 씻기의 중요성은 1세기가 넘도록 인정받지 못했다. 1980년대에 접어들어서야 미국질병통제센터(CDC)가 감염 확산을 막는데 손 씻기를 권고함으로써 오늘에 이르렀다. 손 씻기의 감염방지 효과를 인정하는 데 이토록 오랜 세월이 걸렸다. 우리가 '올바른 손 씻기 6단계'를 제대로 실천해야 하는 이유를 과학적으로 인정하는데 140여 년이 필요했다. 광고 메시지를 표현 하는데 있어 여전히 수업 기법이 유의미한 이유를 잘 설명해주는 사례라 할 수 있다.

광고 재활용의 무한 가능성

대부분의 광고물은 용도가 끝나면 버려진다. 광고 창작물
을 좀 더 효율적으로 재활용할 수 있는 방안은 없을까? 기
업광고라면 브랜드에 대한 친밀감을 제고함으로써 매출 증
대에 기여하는 것이, 공익광고라면 공공의 이익에 부합되
는 아이디어와 서비스 내용을 전달하는 것이 광고의 기본
적인 쓰임새다. 따라서 광고주나 광고회사에서 이미 사용
한 광고물에 특별한 관심을 갖지 않는다면 많은 광고들이
생명력을 잃고 사라질 수밖에 없다.

　광고물을 쓰고 나서 미디어에서 거둬들이는 것은 마땅한
일이지만, 이미 사용한 광고물을 재활용한다면 생각보다
부가가치가 크다. 아이디어에 따라 다시 활용할 수 있는데
도 무관심 때문에 좋은 광고들이 사장된다면 경제적 측면
에서도 안타깝지 않은가. 이전 광고를 잘만 활용한다면 비
싼 제작비를 아껴 다른 용도로도 쓸 수 있으니, 광고계의 발

전에도 기여할 것이다. 휴머니즘, 공익성, 범국민성, 비영리성, 비정치성을 지향한다는 공익광고에서 광고를 재활용한 사례를 살펴보자.

한국방송광고공사(KOBACO) 공익광고협의회의 잡지광고 '공중보건: 엄마손' 편(2005)에서는 수돗가에서 엄마가 아들의 손을 씻어주는 장면이 나온다. "세상에서 가장 안 아픈 예방주사"라는 헤드라인 아래, "손을 깨끗이 씻는 것만으로도 전염병의 70%가 예방됩니다"라는 리드 카피를 덧붙였다. 코로나 사태로 전문가들은 손 씻기의 중요성을 새삼 강조했지만, 벌써 15년 전 공익광고에서도 손 씻기를 강조했다는 사실이 놀랍다. 나아가 주사 맞기를 싫어하는 아이들을 설득하기 위해 '손 씻기=안 아픈 예방주사'라는 은유법으로 풀어낸 솜씨도 돋보인다.

더 놀라운 사실은 오래전의 이 광고를 다시 찾아내 재활용했다는 점이다. 한국방송광고진흥공사 공익광고협의회는 A4용지를 끼우는 홀더 앞면에 2005년의 그 광고를 넣어 재활용했다. '공중보건- 엄마손' 편을 2020년에 다시 소환한 것이다. A4홀더의 앞면에 원작 광고를 그대로 넣고 방송통신위원회의 로고와 "2005년 대한민국공익광고제 수상작 '공중보건' 편"이라는 설명만 덧붙였다. 뒷면에는 "흐르는 물에 비누로 30초 이상 올바른 손 씻기"라는 헤드라인과 손 씻기만 제대로 해도 감염병을 절반으로 줄일 수 있다는 내용을 강조했다. 그 아래에는 질병관리본부에서 권고하는 '손 씻기 6단계'를 간명하게 소개했다.

언제나 그렇듯이 사람들은 공익광고란 실효성 없는 그냥 좋은 메시지 정도로만 생각하는 경향이 있다. 그러나 A4홀더 광고로 인해 공익광고도 실효성이 있다는 사실을 증명했다. 한국방송광고진흥공사는 코로나 문제가 심각해지자 A4홀더 68,000여 개를 제작해 세종특별시, 광주광역시, 대구광역시, 경상북도 지역의 900여 학교 현장에 배포했다. 개당 200원의 제작비에 13,600,000원이라는 저 예산으로 대단한 공공 소통 활동을 한 셈이다. A4홀더를 받고 환호했을 초등학생들의 모습을 상상해보라!

원작 광고의 표현 수준은 물론 뛰어나다. 여기에 어머니가 시집가는 딸에게 주려고 장롱 깊숙이 손을 넣어 자신의 결혼 패물을 찾듯 여러 공익광고를 뒤진 끝에 시대 맞춤형 광고로 재활용한 A4홀더 아이디어는 더 놀라운 통찰력이다. 전문가들이 마스크 착용과 손 씻기가 감염병 확산을 방지하는 지름길이라고 권고하던 무렵에 배포했으니 제대로 손 씻는 법을 모르던 학생들에게 많은 영향을 미쳤을 것이다.

광고를 재활용하면 기대할 수 있는 장점이 많다. 먼저, 일

세상에서
가장 안 아픈
예방주사

손을 깨끗이 씻는 것 만으로도
전염병의 70%가 예방됩니다

코바코의 공익광고 '공중보건 – 엄마손' 편 (2005)

(왼쪽) 코바코의 공익광고(A4 홀더의 앞면) '공중보건' 편 (2020)
(오른쪽) 코바코의 공익광고(A4 홀더의 뒷면) '공중보건' 편 (2020)

선 학교의 교육 현장에서 광고활용교육(AIE, Advertising In Ed-ucation)의 교재로 쓸 수 있고, 공익광고 활용교육(PAIE)도 할 수 있다. 광고활용교육은 학생들의 창의력, 사고력, 비평 능력, 언어 표현과 시각적 표현 능력, 커뮤니케이션 능력, 정서 능력 같은 다양한 역량을 개발하는데 있어서 광고를 교육 도구로 활용하자는 취지에서 시작됐다.[5] 실제로 중학생의 진로교육 프로그램에서 광고를 활용했을 때 미래지향적 목표, 직업의식, 진로탐색 및 준비에 긍정적인 영향을 미쳤다는 실증적인 연구 결과도 있다.[6]

다음으로, 광고물을 재활용하면 다른 광고를 제작할 때 참고 자료로도 쓸 수 있어 수용자와의 접점에서 효과를 높이는 아이디어로 도움이 된다. A4홀더에 삽입한 공익광고 사례도 학생들과의 접점(contact point)에서 효과를 높였다. 나아가 새로 만들 광고물의 수준을 높이는 데도 도움이 되고, 광고회사의 신입사원이나 광고인 지망생에게 요긴한 공부 자료가 될 수 있다. 재활용 여부는 광고 주체가 얼마나 관심을 갖느냐에 달려 있다. 광고주, 광고회사, 광고 관련

---

5   이희복 (2012). 광고활용교육(AIE)이란 무엇인가? 탐색적인 접근을 중심으로. 한국광고홍보학보, 14권 1호, 160~181

6   김병희, 김지혜, 손유미, 이윤진 (2018). "중학생의 진로 교육 프로그램에 있어서 광고 활용 교육의 효과." 광고연구, 119, pp.212-244.

단체 그리고 광고 창작자들이 광고 재활용의 주체들이다.

그동안 광고가 재활용되지 못한 주된 이유는 광고 트렌드가 너무 빨리 바뀌면서 새 광고를 내보내야 소비자의 최신 감각을 수용할 수 있다는 광고의 태생적 특성 때문이다. 이밖에도 광고물 자체를 일회성 소모품으로 간주한 나머지 창작물로서의 부가 가치를 너무 쉽게 포기해버린 광고인들의 관성적 사고도 한몫 한다. 광고주는 저작 재산권을 가지고, 광고회사는 저작 인격권을 가진다. 광고물 자체에 대한 소유권이 광고주에게 있다면, 창의적인 아이디어에 대한 소유권은 광고회사에 있다는 뜻이다. 저작 재산권과 저작 인격권 문제만 해결한다면 재활용할 수 있는 광고는 무궁무진하다. 광고업계의 특성상 저작권 문제는 그리 까다롭지 않을 것이다.

광고인의 땀과 눈물이 녹아있는 광고 창작물을 한번만 쓰고 버리기에는 너무 아깝다. 광고 제작비를 절약하고 광고창작 콘텐츠를 축적하기 위해서라도 광고의 재활용 문제에 더 깊은 관심을 가져야 한다. A4홀더 공익광고 사례는 깊은 울림을 준다. 광고도 재활용하면 부가 가치를 창출할 수 있고, 저예산으로도 설득의 파도를 일으킬 수 있다. 사진첩에서 우연히 발견한 오래 전 사진 한 장이 기쁨을 주듯, 묵혀둔 광고도 잘 꿰어 재활용한다면 감동이 안다미로(가득

히) 넘쳐흐를 것이다. 광고 재활용에 모두의 관심이 필요한
때다.

마스크 광고, 진짜 강조해야 할 것은 무엇

코로나19 시기에는 모든 국민이 하루하루를 불안해하며 살았다. 정부는 감염병에 대한 위기 경보를 시시때때로 발령했고 사회적 거리두기에 대한 정부의 방침도 수시로 달라졌다. 의료진들은 바이러스가 널리 퍼지는 것을 방지하기 위해 구슬땀을 흘렸다. 그런데 이토록 위중한 상황에서도 마스크를 사재기하거나 사기 행각을 벌인 사람들이 있었다. 모두가 어렵던 상황에서도 개인의 이익만 추구하는 인간의 탐욕에 말문이 막힐 수밖에 없다. 마스크가 언제부터 그토록 귀하신 몸이 되었나 싶다.(지금은 사정이 괜찮아졌다.)

보건용 마스크회사 필트의 에티카 광고 '갈등' 편(2019)에서는 연인 간의 갈등을 이야기로 미세먼지 마스크의 혜택을 흥미롭게 전달했다. 에티카(ETIQA)는 보통의 흰색 마스크를 넘어 패션 마스크를 표방한 미세먼지 마스크 브랜드다. 기능성 위주의 미세먼지 마스크 시장에서 에티카는 화이트, 와인, 베이지, 네이비 같은 다양한 색상과 디자인을 적용함으로써 소비자의 선택 폭을 넓혔다.

광고의 첫 장면에서 남녀는 사소한 일로 다투고 있다. 잠시 휴지기를 갖자고 한 걸까? 그 와중에도 여자는 남자친구와의 추억을 떠올린다. 배우 김다미 씨가 갈등하며 마음 아파하는 여자 역을 맡았다. 남자친구가 뒤에서 껴안아줬던 순간, 옥상에서 함께 폭죽놀이를 했던 순간, 그리고 마주 앉아 음악을 듣던 순간들이 머릿속에 주마등처럼 스쳐간다. 보통의 광고에서와는 달리 화면 전체를 뿌옇게 처리했다. 폭죽놀이를 하며 터트린 짙은 연기가 황사처럼 뿌옇게 화면을 가린다.

"사랑보다 먼 우정보다는 가까운~ 날 보는 너의 그 마음을 이젠 떠나리. 내 자신보다~ 이 세상 그 누구보다 널 아끼던 내가 미워지네." 영상이 나오자 동시에 가수 KCM의 '사랑과 우정 사이'가 배경 음악으로 흐른다. 호소력 있게 다가오는 짙은 목소리가 인상적이다. 지난 1992년에 발표돼 많은 사랑을 받았던 피노키오의 '사랑과 우정 사이'를 KCM이 2019년에 리메이크한 노래다. 피노키오의 원곡을 새로운 형태로 편곡한 것인데, KCM 특유의 감성적인 고음이 광고 메시지와 어울리며 애절하게 들려온다.

여자는 남자친구와의 추억을 계속 떠올리는데, 한 순간

필트 에티카의 광고 '갈등' 편 (2019)

에 남자친구가 뿌옇게 흔적만 남기고 사라져버린다. 마치 판다지 영화의 한 장면 같은 비현실적인 상황이다. 여자의 눈빛은 무척이나 슬퍼 보인다. 여자는 마스크를 쓰며 이렇게 말한다. "보이지 않아도 아프다." 광고에서 전달하는 유일한 카피 한 줄이다. 김다미 씨가 짙은 목소리로 전달한 내레이션은 소리가 작게 들리는데, 우리 눈에는 보이지 않는 미세먼지가 우리 몸을 아프게 한다는 의미를 담아내기에 충분하다.

이 광고에서는 마음을 아프게 하는 남자친구를 미세먼지로 인한 아픔에 비유해 중의적으로 표현했다. 연인끼리 심리적 줄다리기를 하는 상황에서는 상대방을 보고 있어도 불편하고 상대가 보이지 않아도 마음이 아픈 법이다. 소비자들이 공감할만한 메시지를 효과적으로 전달하기 위해 사랑과 우정 사이에서 갈등하는 연인의 이야기를 한 편의 판다지 드라마처럼 만든 광고다. 영상과 노래에 미세먼지까지 뿌옇게 어우러져 깊은 슬픔과 애틋함의 잔상이 오래오래 남는다.

이 광고의 매력은 보이지 않는 미세먼지(fine dust)를 보이지 않는 연인 간의 심리적 갈등과 아픔으로 재해석한 다음 공감할만한 이야기로 풀어낸 구성의 탄탄함에 있다. 사랑은 좋은(fine) 감정에서 시작되지만 감정의 미세한(fine) 떨림에도 사랑은 식어버릴 수 있다. 사랑과 미세먼지를 연계한 것은 놀라운 상상력이다. 이 광고는 IPTV를 비롯해 유튜브나 소셜 미디어 같은 다양한 디지털 채널에 노출돼 상당히 좋은 반응을 얻었다.

그렇지만 이 광고에 앞서 신민아 씨가 출연했던 에티카 광고(2019. 3)는 온라인 커뮤니티의 누리꾼들 사이에서 논란이 되기도 했다. 신 씨는 "미세먼지 많은 날, 에티카는 내 몸에 대한 에티켓. 그리고 내 스타일에 대한 에티켓이 된다."라는 광고 메시지를 전했다. 일부 누리꾼들은 미세먼지 방지를 위해 쓰는 기능성 마스크를 패션 아이템처럼 알리면 혼란스럽다고 했다. 반면에 패션 마스크라는 개념이 참신한 시도라고 반응한 소비자들도 많았다. 김다미 씨의 '갈등'편은 이런저런 논란을 잠재우며 패션 마스크에 대한 관심을 유발하는데 성공했다.

2020년부터 2022년까지는 코로나19의 극복 여부에 나라의 명운이 걸려있다고 할 정도로 중차대한 시기였다. 정부에서는 수시로 감염병 위기 경보를 발령했고 최고 단계인 '심각'으로 격상시킨 때도 있다. 경계 단계의 방역 전략이 확진자의 발견이나 격리 같은 봉쇄 위주로 전개됐다면, 심각 단계에서는 개개인의 피해를 최소화 하는 전략 위주로 전개됐다.

에티카 광고에서 강조하는 패션 마스크로 인해 소비자가 선택할 수 있는 마스크의 범위가 넓어졌다. 소비자 선택권을 확장하는 광고 메시지였기에 사회에 긍정적인 영향을 미쳤다. 패션성을 살려 브랜드를 개발하는 현상도 세계적으로 보편화 된 추세이다. 그렇지만 마스크를 패션 상품으로 생각하라며 소비자의 인식을 바꾸라고 권고하는 마스크 생산 회사도 기업의 사회적 책임을 고려하는 것이 바람직하다. 코로나19 시기처럼 위중한 상황에서는 마스크를 더 싸게 공급하겠다는 의지를 천명하는 것이 더 중요했지 않았을까. 그런 시도가 기업 비즈니스 전략을 바꾸는 진정한 인식의 전환이다.

배송 전쟁에 광고 전쟁까지

2020년 이후 코로나가 전국적으로 확산되자 온라인 쇼핑 객은 날이 갈수록 늘어나기 시작했다. 시장에서 직접 물건을 고르는 즐거움을 기꺼이 포기한 것이다. 사회적 거리두기를 실천한 이후에 나타난 장보기의 새로운 문화 현상이자, 새로운 보편(new normal)을 제시한 시대적 추세였다. 덩달아 택배회사에서도 운송 물량이 폭주하기 시작했다. 택배 노동자를 비롯해 배달 노동자들은 코로나 상황에서 집 앞까지 물건을 배송하는데 많은 불편함과 어려움이 있었지만 시장은 점점 더 커질 수밖에 없었다.

물론 이전에도 온라인 쇼핑은 알 만한 사람은 다 알고 쓸 만한 사람은 다 이용해왔다. 하지만 소비자들은 모든 것을 온라인 쇼핑으로만 해결하지는 않았다. 그렇지만 코로나 사태를 계기로 급격히 확장됐다. 종이 신문을 읽던 독자들이 포털 사이트를 통해 뉴스를 보게 된 다음부터 다시는 종이 신문으로 되돌아가지 않은것처럼 말이다. 인간은 습관에 익숙한 동물이다. 마찬가지로 온라인 쇼핑의 편의성을 깊이 경험한 소비자의 구매 행태를 다시 예전으로 되돌리기는 쉽지 않을 것이다.

컬리(Kurly)의 마켓컬리 광고 '새벽 배송' 편(2019)에서는 배송 서비스의 새로운 차원을 제시했다. 2014년 말에 출범했던 마켓컬리는 밤11시까지 주문하면 다음날 아침 7시 이전에 현관 앞에 배송해주는 샛별 배송, 상품 포장과 배송까지 식품전용 냉장냉동 창고에서 끝내는 완전 냉동 사슬(full cold chain), 70여 가지 기준에 따라 검토하는 상품위원회 같은 차별화된 서비스로 주목을 받았다.

마켓컬리의 광고를 살펴보자. 광고가 시작되면 배우 전지현 씨가 이른 새벽에 거리로 나와 뭔가를 기다리고 있다. 배송 트럭이 달려오자 전지현 씨는 마치 월척을 매단 낚싯줄을 당기는 낚시꾼처럼 트럭을 자기 쪽으로 끌어당기는 자세를 취한다. 대게 한 마리가 집에 배달되는 순간에 벽시계를 보니 아침 7시 5분 전이다. 갓 도착한 고추를 꺼내 베어 무는데 상큼함이 느껴진다. 배송 상자가 열리자 거실로 야채밭이 펼쳐진다. 싱싱한 야채가 이처럼 가득하다는 상징적 표현이다.

처음부터 끝까지 영상의 변화에 맞춰 내레이션이 계속

이어진다. "마트와 작별하고 새벽 배송. 새벽 배송은 마켓 컬리. 예민한 먹거리도 새벽 배송. 새벽 배송은 마켓컬리. 농장에서 하루 만에 새벽 배송. 새벽 배송은 마켓컬리. 퀄리티 있게 새벽 배송. 마켓컬리 샛별 배송. 내일의 장보기 마켓컬리." 전 씨가 마켓걸리의 배송 상자를 들고 집으로 들어가는 장면에 이어 "퀄리티 있게 새벽 배송. 마켓컬리 샛별 배송"이라는 자막이 나오며 광고가 끝난다.

새벽에 배송해준다고? 가능한 일일까? 당일 배송이란 말이 보편적으로 쓰이고 있던 무렵, 새벽 배송을 강조했으니 소비자들은 반신반의하면서도 관심을 가질 수밖에 없었다. 새벽 배송이나 샛별 배송은 이전에 없던 고유한 제안이었다. 미국의 광고인 로서 리브스(Rosser Reeves: 1911-1982)는 저서 『광고의 실체(Reality in Advertising)』(1961)[7]에서 고유판매제안(USP)이라는 과학적인 광고 창작 개념을 제시했다. 그가 제시한 개념은 막연한 느낌으로 아이디어 발상을 해오던 광고 창작자들의 습관을 바꾸었다. 광고 크리에이티브의 발전에 크게 기여했다.

고유판매제안(USP: Unique Selling Proposition)이라는 광고 표

---

7   Rosser Reeves, 권오휴 역 (1984), 『광고의 실체』, 서울: 오리콤 마케팅커뮤니케이션 연구소.

컬리의 광고 '새벽 배송' 편 (2019)

현 전략에서는 어떤 상품에서 고유한 판매 제안점을 도출하려면 다음 세 가지를 고려 할 것을 권고한다. 광고하는 상품을 쓰면 특별한 혜택이 있다는 점을 제안해야 하고, 그 제안은 경쟁사에서 따라 할 수 없는 단일 메시지여야 하며, 수

백만의 소비자를 움직일 수 있을 만큼 강력해야 한다는 것이다.[8] 마켓컬리 광고에서는 세 가지 권고 사항을 충실히 따르며 '샛별 배송'이라는 핵심어를 도출했다. 광고에서는 새벽 배송을 넘어 샛별 배송도 가능하다는 유일무이한 약속을 제안해 우리나라 배송 서비스의 패턴을 바꿔버렸다.

이 광고에서는 마켓컬리의 가치를 소비자들이 알기 쉽게 설명했다. 언제 도착할지 모르는 택배를 기다리지 않아도 된다는 안도감은 물론이고, 식재료가 농장에서 식탁까지 유통되는 시간을 크게 단축시킨 샛별배송의 장점을 쉽게 설명했다. 그리고 동틀 녘의 어슴푸레한 여명을 보랏빛 영상미로 표현함으로써 마치 한 폭의 그림 같은 장면을 주부들의 마음속에 인상적으로 담아냈다.

이 광고가 나간 다음부터 소비자들은 샛별 배송이란 용어에 눈을 뜨게 됐다. 이 광고에서 "새벽 배송은 마켓컬리"

---

8 Rosser Reeves (1961), Reality in Advertising. New York: Alfred A. Knopf, pp.47–48. USP에 대한 설명을 원문 그대로 제시하면 다음과 같다. (1) Each advertisement must make a proposition to the consumer. Not just words, not just product puffery, not just show-window advertising. Each advertisement must say to each reader "Buy this product and you will get this specific benefit." (2) The proposition must be one that the competition either cannot, or does not, offer. It must be unique— either a uniqueness of the brand or a claim not otherwise made in that particular field of advertising. (3) The proposition must be so strong that it can move the mass millions, i.e. pull over new customers to your product.

라는 카피를 계속해서 반복하자 마켓컬리의 낮았던 인지도도 올라갔다. 광고 모델 전지현의 연기력은 30-40대 주부들과의 공감대를 유발하는 촉매 역할을 했다. 영상을 공개한 지 한 달 만에 유튜브 조회수가 420만뷰를 넘어섰고 매출도 급상승했다. 신선식품 배송을 전문으로 하는 온라인 쇼핑몰의 하나인 마켓컬리는 모바일 프리미엄 마트라는 기업의 가치를 알리는데 성공한 셈이었다.

이 광고가 나간 다음부터 SSG닷컴, 쿠팡, 롯데쇼핑, 오아시스, 헬로네이처 같은 여러 유통사에서 새벽 배송이라는 새로운 시장에 뛰어들었다. 마켓컬리의 새벽 배송이 주부들로부터 엄청난 호응을 얻었기 때문이었다. 2019년 1월에 방송된 이 광고에 이어 10월에 방송된 후속 광고에서는 자신감이 넘치는 메시지를 내보냈다. "마켓컬리는 몰랐습니다. 이렇게 많은 분들이 컬리의 뒤를 따라오실 줄은요. 국내 최초 새벽 배송 마켓컬리." 마켓컬리의 전략을 차용해 새벽 배송 시장에 뛰어든 모든 유통사들을 향해 포문을 연 것이나 마찬가지였다. 스타트업으로 시작한 기업의 광고라고 하기에는 강렬하고 도발적인 메시지였다.

마켓컬리는 새벽 배송 시장의 강자로 등극했지만 이제 새벽 배송 시장은 더 이상 블루오션이 아니다. 앞으로도 얼마든지 더 빠른 배송이라는 기치를 내건 새로운 서비스가 나올 것이다. 앞으로 얼마나 더 빨라져야 만족할 수 있을까? 새벽 배송 경쟁이 과열되면 소비자들은 즐거운 비명을 지르겠지만 택배 현장에서 일하시는 분들은 고통의 비명을 지를지도 모른다. 더 빠르다는 뜻을 담은 로켓 배송, 초음속 배송, 광속 배송 같은 새로운 배송 서비스가 얼마든지 나올 수 있겠지만, 더 이상 속도 경쟁을 하지 말고 샛별 배송 정도에서 멈췄으면 싶다. 조금 느리게 사는 슬로우 라이프도 가치 있는 삶이니까.

의인법을 활용한 광고, '여행이 떠났다'

우리는 일상적인 것들을 당연하게 생각하며 살아간다. 상투적으로 말하자면 물이나 공기 같은 것이다. 사랑을 받기만 하던 사람도 그게 얼마나 소중한 당연함인지 사귀고 있을 때는 모른다. 비가 오나 눈이 오나 상대방의 맹목적인 사랑을 받는 건 마땅하고 당연한 일이었을 테니까. 그렇지만 헤어지고 나서야 불현듯 다시 만날 수 없는 소중한 사랑이었음을 뒤늦게 깨닫는다. 여행도 당연한 일이었다. 떠나고 싶으면 언제든 떠날 수 있었다. 하지만 여행을 떠나고 싶어도 마음대로 떠날 수 없는 상황이 되자 여행의 소중함이 비로소 다가온다.

아시아나항공의 광고 '여행이 떠났다' 편(2020)에서는 당연하게 여긴 일들이 코로나19로 인해 중단되자 그것들이 얼마나 소중한 일이었는지 새삼 되돌아보게 했다. 광고가 시작되면 한 여성이 자리에 앉아 기지개를 켜며 빈 하늘만 바라본다. 마스크를 하고 일하고 있는 모습, 자신 만의 공간에서 여행지의 사진들을 말없이 바라보는 장면, 엄마와 영상 통화를 하며 안부를 주고받는 모습, 여행에서 돌아와 딸을 번쩍 안아주는 아빠의 모습이 슬쩍슬쩍 스쳐갔다. 이어지는 모든 장면들은 여행을 떠났다가 돌아오는 여정이다.

여행이란 사람이 주체가 되어 떠났다가 돌아오는 과정이다. 그런데 이 광고에서는 여행이 우리 곁에서 떠나버렸다고 말한다. 카피라이터의 솜씨가 돋보이는 대목이다. 해마다 휴가철이 오면 사람들은 당연히 국내외로 여행을 떠났다. 하지만 코로나19로 인해 여행을 하지 못하고 모두가 발을 꽁꽁 묶여 버렸다. 여행 자체가 당연한 일이 아닌 게 됐고, 여행이 우리를 떠나버린 게 됐다. 가수 이적의 노래 '당연한 것들'(2020)이 배경음악으로 흐르고 가슴이 따뜻해지는 카피도 흐른다. 지친 사람들을 위로해주는 카피는 다음과 같다.

"처음으로, 여행이 우리를 떠났습니다. 여행이 떠나고 나서야 알게 되었습니다. 여행이 있던 일상의 소중함을. 모든 여행의 마지막은 제자리로 돌아왔듯이, 우릴 떠난 여행도 그리고 일상도 다시 돌아올 것입니다."

이어서 아시아나항공의 스튜어디스 모습과 함께 코로나19의 빠른 종식을 기원한다는 자막이 뜬다. "그때, 함께 날

수 있기를. 아시아나항공." 마무리 카피가 나오면서 끝난다. 카피가 흐르는 동안 비행기 소리도 들리고 잠시나마 공항의 전경도 볼 수 있어 여행에 대한 기대감이 부풀어 오른다. 그렇지만 배경음악과는 달리 여행이 당분간은 당연한 것이 아니다 보니 카피와 영상이 조금은 서글픈 느낌으로 다가온다.

이 광고에서는 떠나버린 여행이 반드시 돌아올 것이며, 그때는 아시아나항공과 함께 비상하고 재도약하자는 희망의 메시지와 여행의 일상화를 바라는 응원의 메시지를 표현했다. 1분 8초 길이의 이 동영상은 유튜브에 올린 지 나흘 만에 82,000회의 조회 수를 기록할 정도로 주목을 끌었다. 이밖에도 페이스북과 인스타그램 같은 소셜미디어 채널이나 네이버TV와 카카오TV에도 노출됐다. 항공업계 광고가 거의 전무한 시기에 과감하게 광고 활동을 시도했기 때문에, 아시아나항공은 여러모로 경영 환경이 어려운 상황에서도 긍정적인 브랜드 이미지를 유지했다.

이 광고의 매력은 어디에서 나오는 것일까? 의인법(擬人法)을 활용한 것이 매력 포인트이다. 무생물에 생명을 불어넣어 표현하는 의인법은 시나 소설에서 주로 쓰이는 비유법이지만 그동안 광고에서도 상품을 사람처럼 표현하는 수사법으로 널리 활용돼 왔다. 광고에서는 사람이 여행을 떠

아시아나항공의 광고 '여행이 떠났다' 편(2020)

나는 게 아니라 여행이 우리를 떠났다고 했으니 여행을 의인화했다. "미소가 아름다운 그녀. 그녀의 이름은 아시아나." 아시아나항공은 이전에도 아시아나를 그녀로 표현한 의인법을 써서 슬로건 개발했는데, 이번 광고에서도 여행을 사람에 비유함으로써 소비자의 공감대를 확산했다. 상품에 인격을 부여하고 상품의 마음(?)까지 전달하는데 있어서 의인법은 안성맞춤이었으리라.

이적의 노래 '당연한 것들'을 광고의 배경음악으로 쓴 선택도 이 광고를 돋보이게 만들었다. "그때는 알지 못했죠. 우리가 무얼 누리는지~" 이렇게 시작되는 노래는 거리를 걷고 친구를 만나 손잡고 껴안아주던 순간 모두가 당연한 것이었을지라도 "잊지는 않았잖아요. 간절히 기다리잖아요."라며 떠나버린 사랑을 그리워한다. 우리는 배경음악을 들으며 당연하게 생각했던 여행도 더 이상 당연하게 생각해서는 안 된다는 우울한 현실을 역설적으로 느끼게 된다. 이처럼 음악의 잔잔한 울림은 광고 메시지를 더욱 빛나게 했다.

카피에서 '여행'이란 단어를 '사랑'으로 바꾸면 절절한 연가(戀歌)로도 읽힌다는 사실도 이 광고가 지닌 매력이다. "여행(사랑)이 떠나고 나서야 알게 되었습니다. 여행(사랑)이 있던 일상의 소중함을." "우릴 떠난 여행(사랑)도 그리고 일상도 다시 돌아올 것입니다." 여행에 대해 여러 각도에서 정의할 수 있겠지만, 여행이란 '여기에서 행복하자'의 축약어가 아닐까? 어디로 떠나든 간에 가는 그곳에서 행복한 시간을 보내는 것이 진짜 여행이다. 어디로 가느냐보다 누구와 가느냐가 여행의 즐거움을 결정한다. 어디를 가든 머무는 현장(여기)에서 마음 맞는 사람과 온기(행복)를 나누고 오라는 뜻은 아닐까.

휴가 대신 도망을 권하는 광고, "도망가자"

번잡한 일상에서 벗어나 훌쩍 떠나고 싶을 때가 있다. 그렇지만 일을 잠깐 접고 마음 놓고 떠나기란 쉽지 않다. 이것저것 따지지 않고 눈 딱 감고 그냥 어딘가로 도망치듯 떠나는 것이 최고의 방법이다. 광고에서는 그동안 도망이란 말을 쓰지 않고 휴가로 점잖게 표현해왔다. 그런데 코로나19 시기에 그런 관행에서 벗어나 도망가자고 부추기는 광고가 나왔다. 직장인의 속내를 그대로 반영했기에 쉽게 공감할 수 있는 광고였다.

여행 플랫폼이자 숙박예약 앱인 '여기어때'에서는 도망이라는 주제로 광고 캠페인을 전개했다. '알람' 편, '지옥철' 편, '엄마' 편, '운전' 편, '성적표' 편을 비롯해 모두 8편을 제작해서 미디어에 노출했다. 1분짜리 영상인 '종합' 편(2021)에서는 누구나 한번쯤은 경험해봤을 생활 속의 친근한 일상을 제시하며 여행의 진정한 가치를 전달했다. 광고는 코로나19 시기에 고군분투하며 살아온 일상에서 훌쩍 벗어나 재충전할 시간을 충분히 가지라고 권고했다.

광고가 시작되면 6시 15분에 일어나라는 모닝콜이 울린다. 선우정아의 〈도망가자〉(2019)라는 노래가 배경음악으로 흐른다. 뮤직비디오의 한 장면 같다. 모닝콜이 울려도 가족들은 벌떡 일어나지 못한다. 꽤나 힘들게 하루가 시작되고 있다. 남자는 겨우 일어나 콩나물시루 같은 지하철에서 이리 밀리고 저리 치이거나 버스에서 졸면서 출근한다. 이때 스쳐지나가듯 "도망가자!"는 말이 들려온다. 엄마는 아이들 챙기느라 정신 줄을 놓아 버린다. 때마침 아이가 던진 공이 엄마의 노트북에 떨어지자 엄마의 한숨만 깊어갔다.

다시 "도망가자"라는 소리가 들려오며 장면이 바뀐다. 사람들은 저마다 자신이 가고 싶었던 곳으로 여행을 떠난다. 가족과 함께, 남자 혼자서, 혹은 여자 혼자서. 어느 도시로, 어느 숲으로, 어느 바다로, 혹은 어느 숙소로. 일상에서 도망쳐온 모두가 저마다의 시간과 공간에서 머물렀다. 장면이 바뀔 때마다 카피가 하나씩 흐른다. "가서는 네가 좋아하는 곳에서 하고 싶은 것만 하자", "걱정은 잠시 내려놓고", "너의 맘 편할 수 있는 곳", "어디든 가보는 거야", "그런데 일단은 아무 생각하지 말고", "도망가자."

일상의 짐을 내려놓는 장면 하나하나에 행복한 감정이

여기어때의 광고 '종합' 편 (2021)

묻어난다. 어느 바닷가로 가든 어떤 수영장에 몸을 던지든 여행의 기쁨이 넘쳐난다. 마지막 장면의 카피는 광고 표현의 백미(白眉)다. "여기서. 행복하자. 여기어때." 여행을 2행 시로 풀어, 여기서 행복하자고 했다. 여기어때의 로고색인 빨강색으로 카피의 '여' 자와 '행' 자를 강조했다. 여자가 창틀에 발을 올려놓고 쉬고 있는 넓은 창에 브랜드 이름인 '여기어때'라고 표시하며 마침표를 찍는다. 마침표를 자막으로 표시했다 하더라도, 소리로 전하는 내레이션을 듣는 순간 여기에 대해 어떻게 생각하느냐고 물어보는 물음표로 느껴진다.

광고에서는 어디론가 떠나고 싶어 하는 소비자의 심리 타점을 정확히 건드렸다. 직장인들의 마음 속 깊은 곳에 잠재된 탈출 욕구를 도망이라는 단어로 표현했다. 원래 도망 같은 부정적인 말은 광고에서 거의 쓰지 않는다. 그런데도 과감하게 이 단어를 썼으니 광산에서 석탄 캐듯 메시지를 채굴한 셈이다. 광고에 대한 댓글을 보면 울컥해져서 정말로 도망가고 싶었다는 내용이 많았다. 공감을 유발하는데 성공했다는 뜻이다.

캠페인을 시작한지 한 달도 안 돼 광고에 대한 통합 조회수가 유튜브와 페이스북을 통틀어 1,000만 뷰를 돌파했다. 광고를 패러디해 유튜브에 공유하는 사례도 느는 등 소비자들과 정서적으로 교감한 이 광고는 브랜드 가치를 높이는데 크게 기여했다. 광고에 대한 소비자의 반응이 이처럼 폭발적인 데에는 스토리에 공감했기 때문이다. 그리고 이야기도 중요했지만 〈도망가자〉라는 노래도 영향을 미쳤다. 사람들을 위로하는 노랫말이 어디론가 떠나보라는 메시지로 전이됐다. 선우정아 씨가 2019년에 발표했던 노래니까, 노래가 광고보다 먼저 나온 셈이다.

노랫말의 일부는 이렇다. "도망가자. 멀리 안 가도 괜찮을 거야. 너와 함께라면 난 다 좋아." 노랫말은 여행을 떠나라는 내용이 아니라, 이리도 너를 좋아하니 함께 도망가자고 말하는 사랑의 달콤한 언어였다. 광고 창작자들은 이 노래를 듣다가 아이디어가 떠올랐을 수 있다. 하지만 그걸 문제 삼을 필요는 없다. 광고 아이디어란 머리를 쥐어짜며 뽑아내는 게 아니라, 기존에 있던 텍스트를 새롭게 해석해 연결하거나 주변에 널려있는 것을 줍고 발견하는 것이니까. 광고 창작자들은 사랑 노래를 여행으로 해석해서 그에 알맞게 상황을 재구성했다. 노래에는 없던 여행의 현장감과 구체성을 생생하게 부여하는데 성공했다.

국어사전에서는 도망(逃亡)을 '피하거나 쫓기어 달아남'으로 풀이하고 있다. 도망에는 여러 가지가 있을 텐데, 야반도주(夜半逃走)가 가장 극적인 상황이 아닐까? 도주에 성공

하면 그만큼 쾌감도 극대화될 테니까. 미우라 켄타로(三浦建太郎)의 장편 만화 〈베르세르크(ベルセルク)〉(1989-2022)를 보면, 도망가서 도착한 곳에 낙원은 없다는 구절이 나온다. 하지만 반드시 그렇지만은 않으리라. 낙원이 없을 수도 있겠지만 미지의 세계는 언제든 나타나는 법이니까. 도망간 그곳에 뭔가를 떨구고 되돌아온다면, 그것 자체가 기억의 삽화이자 추억이다.

오스트리아의 빈을 침공했던 터키 군대는 코루스치키에게 쫓겨 퇴각하면서 커피 원두를 떨구고 도망갔다. 위기로부터 빈을 구해낸 코루스치키는 그 대가로 황금과 지위 대신 터키 군에게 빼앗은 전리품인 기묘한 콩(커피)을 자신에게 달라고 했다.[9] 그래서 그는 지금까지 커피 영웅으로 추앙받고 있다. 우리들도 떠나서 머무른 그곳에 어떤 물건이든 소중한 추억이든 뭔가를 떨구고 온다.

사람을 젊게 만드는 것을 둘만 고르라면, 하나는 사랑이요 또 다른 하나는 여행이다. 차분히 계획을 세워 떠나는 것도 좋지만, 때로는 도망치듯 그냥 떠나보는 것도 좋다. 도망치듯 떠난 여행에서 뜻밖에도 많은 체험과 추억을 건져 올

---

9 맛 소믈리에 (2011. 3. 13.). "커피 상식: 빈(Vienna) 전투에 패배한 이슬람제국이 악마의 음료 커피로 유럽을 정복하다." https://m.blog.naver.com/calebmkt-g/130104684346?msclkid=56cd2b2fb53e11eca80682c045f0ea1a

릴 수 있다. 도망치듯 떠난 여행에서 한 사람의 인생을 송두 리째 바꿀 그 어떤 통찰력을 발견할 수도 있다.

광고는 '사람의 마음에 말 걸기'

특정일을 기념하는 데이 마케팅 때문에 11월 11일이 빼빼로 데이로 알려져 있지만, 이날은 광고의 날이기도 하다. 지난 1973년, 한국광고협의회(현 한국광고총연합회의 전신)는 광고인의 자긍심을 높이고 소비자에게 광고에 대한 인식을 제고하기 위해 '광고의 날'을 선포했다. 한국광고협의회의 창립기념일인 7월 26일에 광고의 날 기념행사를 해오다가 1992년부터는 11월 11일로 바꿔 지금에 이르고 있다.

100년 전이나 지금이나 광고는 늘 사람들 곁에 있다. 런던 지하철의 전신인 지하전철회사(Underground Electric Railway Company)의 광고 '국제광고 전시회' 편(1920)은 광고의 진경 풍경화(眞景風景畵) 같다. 4색 석판화로 인쇄된 지하철의 교통광고 포스터는 가로1270×세로1016mm 규격으로 현재 런던교통박물관에 소장돼 있다.[10] 언더그라운드란 런던 지하철을 뜻하니, 헤드라인은 "우드레인역으로 가는 지하철

런던지하전철회사의 광고 '국제광고 전시회' 편 (1920)

(Underground to Wood Lane)"이다. 아래쪽에는 국제광고전시회가 1920년 11월 29일부터 12월 4일까지 런던의 화이트시티에서 열린다는 정보를 알렸다.

그래픽 아티스트 프레데릭 헤릭(Frederick C. Herrick, 1887-1970)이 만든 이 광고는 국제광고 전시회를 참관하라고 독려하며 지하철역에서 활용할 수 있는 광고 공간을 소개했

10   Frederick Charles Herrick (1920). "International Advertising Exhibition." Google Arts & Culture. https://artsandculture.google.com/asset/international-advertising-exhibition-frederick-charles-herrick/AAGmckqyxstVgQ

다. 이미지 부분에는 1920년대에 인기 있던 온갖 상표의 엠블럼이나 캐릭터가 다 모여 있다. 1898년에 첫 등장한 이래 세계에서 오래된 트레이드마크로 손꼽히는 미쉐린타이어의 캐릭터인 '비벤덤(Bibendum)'이 가장 눈에 띈다. 위스키 브랜드 조니워커의 캐릭터인 '스트라이딩 맨(Striding man)'도 있다. 1908년에 만화가 톰 브라운이 중절모와 지팡이를 든 캐릭터로 완성한 이후 100년 동안 왼쪽으로 걷는 모습을 유지했던 캐릭터다.

영국 왕 헨리8세 정부를 좌우했던 잉글랜드의 추기경 울지(Thomas Wolsey)의 모습도 보인다. 아래쪽에 있는 작은 개는 음반과 축음기로 유명했던 HMV(His Master's Voice) 브랜드의 캐릭터인 니퍼(Nipper)다. 이밖에도 영국 인형극에 단골로 등장했던 미스터 펀치(Mr. Punch) 피에로, 장화 신은 부랑자, 필름 코닥 걸(Kodak Girl) 같은 여러 인물 모두가 지하철 플랫폼에서 수다를 떨며 지하철을 기다리고 있다. 광고의 분위기는 요란스럽고 왁자지껄해 보인다. 국제광고전시회가 끝난 후 역 이름이 개최지 이름을 따 화이트시티역으로 바뀌었으니, 매우 성공한 행사였을 것이다. 이 광고는 사회문화적 측면에서 볼 때 이미 100여 년 전에 국제광고전시회까지 열었을 정도로 광고를 중시했다는 것을 보여준다.

한국광고총연합회를 비롯해 광고와 관련된 18개 단체의

공동 광고 '제47회 광고의 날' 편(2020)에서는 광고의 분위기가 요란스럽거나 왁자지껄하지 않고 차분했다. 코로나19 상황에서 그 이후를 준비하자고 다짐하는 광고인들의 의지를 표현했다. 포스트 코로나라는 말이 우리 시대의 화두로 떠오른 추세에 맞게 "포스트 크리에이티브(Post Creative)"라는 헤드라인을 썼다. 가장 창의적인 시대를 준비하고 있으니 앞으로의 광고 표현을 기대하라는 의미를 담고 있다. 보디카피는 이렇다.

"올 한해, 광고는 조금 겸손해졌습니다./ 압도적인 스케일의 해외 풍경 대신 소박한 옥상 캠핑이,/ 현란한 파티 대신 랜선 만남이 등장하며/ 소소한 일상을 그리워하는 사람들 마음에 더 가까이 섰지요./ 또, 담담히 위로의 말을 건네거나 속 깊은 격려와 응원을 전하기도 했습니다./ (제품을 팔거나, 브랜드를 알리는 것도 좋지만)/ 결국 광고란 '사람의 마음에 말 걸기'이니까요./ 이 시대를 최선을 다해 살아가는 우리들에게/ 〈Post Creative: 포스트 코로나 시대의 광고〉가 힘이 될 수 있도록-/ 가장 크리에이티브한 시대를/ 준비하고 있습니다."

이 광고에서는 소비를 촉진하는 것이 광고가 아니라 '사람의 마음에 말 걸기'를 시도하는 것이 광고의 설득 커뮤니케이션이라고 주장한다. 광고인들은 코로나19 시기에 전대

광고단체 18곳의 공동 광고 '제47회 광고의 날' 편 (2020)

미문의 사회적 실험이 진행된 와중에도 광고에 대한 희망
을 끈을 놓지 않으려 했다. 유발 하라리(Yuval Harari, 1976-)
교수가 역사의 정상 법칙이 코로나로 중단됐다고 진단했지
만, 광고인들은 아랑곳하지 않고 크리에이티브 개혁을 감
행하겠는 각오를 다진 것이다. 암중모색하는 통찰의 시간

속에서 우리나라의 광고 크리에이티브는 비약적으로 발전했다.

"광고는 자본주의의 꽃"이라는 표현은 광고를 멋지게 포장했지만 광고는 자주 비판을 받았다. 생산과 소비의 순환을 통해 자본주의가 발전하는 과정에서 광고는 생산과 소비를 순환시키는 연결 고리 기능을 담당했다. 이 때문에 마르크스는 광고를 소비 중독자로 만드는 '아편'이라고까지 깎아 내렸다. 광고가 불필요한 과소비를 부추긴다는 비판을 비롯해, 삶의 의미와 자아정체성을 소비 활동에서 찾는 소비주의를 확산하고, 생활양식을 획일화시킨다는 주장에 이르기까지 광고가 소비에 미치는 부정적 효과에 대한 비판은 그동안 많았다.

그렇지만 광고가 그처럼 부정적인 영향만 미치는 것일까? 광고는 소비자에게 정보를 제공하고, 생활지식을 증가시키며, 소비자의 생활수준을 향상시킨다. 광고는 또한 새로운 생활양식을 소개하고 촉진하며, 소비자의 선택 범위를 확대하고, 소비를 즐겁게 만들 때도 많다. 따라서 광고는 '사회를 비추는 거울(MOS: Mirror Of Society)'이나 '변화의 매개물(AOC: Agent Of Change)'의 기능을 수행한다.

그동안 우리나라의 광고 크리에이티브 수준은 해외에서도 인정할 정도로 비약적으로 발전했다. 광고인들이 노력한 결과이기도 하지만 우리나라의 소비자 수준이 그만큼 높아졌기에 가능한 일이기도 했다. '광고의 날' 광고에서 강조했듯 "포스트 크리에이티브"를 차분히 준비했기 때문에 한류 광고(K-AD)의 물결이 전 세계로 퍼져나갈 수 있었다. 광고산업은 경기 변동에 매우 민감한 산업이다. 하지만 지식기반의 고부가 가치 산업이자 개인의 창의성을 중시하는 창의 산업이기도 하다. 그렇기 때문에 창의적인 광고는 우리나라 곳곳으로 뜨거운 활력을 불어넣을 것이다. 11월 11일, 해마다 '광고의 날'이 되면 광고가 왜 필요하며 광고의 진정한 가치가 무엇인지 생각해 보면 좋겠다.

해마다
찾아오는 광고

TREND _____

NEWTRO _____

COVID-19 _____

SEASON _____

HUMOR _____

상투적이지 않은 새해 축하 광고

한 해가 가고 나면 어김없이 새해가 밝아온다. 모두가 새해의 꿈을 설계하듯 기업에서도 새해의 경영 계획을 세운다. 기업들의 새해 축하 광고는 고객에게 보내는 첫 인사다. 그런데 "새해 복 많이 받으세요!", "근하신년(謹賀新年)", "하정(賀正, 새해를 축하함)" 같은 천편일률적이고 진부한 새해 축하 광고가 아직도 많아 안타깝다. 기업 철학이나 브랜드와의 상관성은 고려하지 않은 채 상투적인 광고를 하고 있으니 광고비가 아깝지 않을 수 없다. 해외 유명 상품의 새해 축하 광고에서는 브랜드와의 상관성을 고려하면서도 어떻게 광고 효과를 높이고 있는지 살펴보자.

러시아에서 집행된 앱설루트(Absolut) 보드카의 광고 '새해' 편(2012)에서는 도시의 상징물을 형상화한 앱설루트 보드카 광고 스타일을 그대로 유지했다. 예를 들어, '마드리드' 편에서 기타의 가운데를 앱설루트 병 모양으로 오려내

(왼쪽) 앱설루트 보드카의 광고 '새해' 편 (러시아, 2012)
(오른쪽) 타이거 맥주의 광고 '새해' 편 (베트남, 2012)

기타로 유명한 세고비아를 연상하도록 하거나, '비엔나' 편
에서 음표를 병 모양으로 만들어 음악의 도시인 오스트리
아 비엔나를 알 수 있도록 했다. '러시아' 편에서는 앱설루
트 병에 크리스마스 트리를 두르고 그냥 새해가 아닌 "확
실한 새해"라는 헤드라인을 붙였다. 앱설루트는 새해 광고
에서도 국가나 도시의 특성과 브랜드를 연결시켜 새해라는
특별한 의미를 부여했다.

베트남에서 집행된 타이거(Tiger) 맥주의 광고 '새해' 편
(2012)에서는 베트남 호찌민시에 있는 사이공센터 건물 전
체를 새해 축하 메시지를 전달하는 미디어로 활용했다. 광

(왼쪽) 바릴라 파스타의 광고 '새해' 편 (이탈리아, 2010)
(오른쪽) 아우디자동차의 광고 '새해' 편 (미국, 2004)

고의 색감은 베트남 사람들이 좋아하는 붉은색으로 처리하고, 선으로 그린 빌딩 옆에 "행복한 시작, 새해 복 많이 받으세요."라는 헤드라인을 배치했다. 빌딩에서 가장 두드러진 "Chuc Mung Nam Moi(행복한 새해)"를 비롯해 새해의 다짐을 담은 활기찬 메시지들이 빌딩 벽을 타고 흐르도록 배치해 잔에서 넘치는 맥주의 흐름과 연결시켰다.

이탈리아 바릴라(Barilla) 파스타의 광고 '새해' 편(2010)에서는 파스타 이미지가 지면을 압도하도록 배치했다. 파스타의 원 재료인 면발 끝을 모아 앞쪽이 벌어지게 하여 마치 하늘에서 폭죽이 터지는 것처럼 보이도록 했다. 파스타가 펼쳐진 장면은 "행복한 새해"라는 평범한 헤드라인을 보완해주기에 충분한 이미지다. 광고의 느낌이 매우 역동적이기 때문에 140여 년 전통의 바릴라 파스타가 마치 소비자들에게 활기찬 새해 인사를 하고 있는 것 같다.

미국에서 집행된 아우디(Audi) 자동차의 광고 '새해' 편(2004)에서는 그냥 새해 인사를 하지 않고 어떻게 해서든 브랜드 가치로 연결하려는 시도가 돋보인다. 지면의 맨 위에는 다음과 같은 헤드라인을 배치했다. "지금까지 그래왔던 것들과 앞으로도 그러할 것들에 대해 감사하는 마음으로." 바로 아래에는 와인 잔이 나란히 놓여있고 와인을 따르기 시작하자 4개의 원이 겹쳐진 아우디의 로고가 나타난다. 잔에 담긴 와인은 아우디의 로고를 만들어가며 새해에 느끼는 설레는 감정을 한껏 고양시켰다.

중국인들의 마음을 사로잡았던 M&M 초콜릿의 광고 '새해' 편(2016)을 보면 대문 앞에 놓인 독에 초콜릿이 가득 쌓여 있다. 대문 위쪽에는 다섯 가지 복이 집으로 온다는 "오복임문(五福臨門)"이, 대문 왼쪽에는 해마다 평안하고 온 집안이 봄날이라는 "세세평안만당춘(歲歲平安滿堂春)"이, 대문 오른쪽에는 해마다 뜻하는 대로 이루고 온 가족이 복을 누리라는 "연년여의전가복(年年如意全家福)"이 붙어있다. 중국에서는 보통 '세세평안(歲歲平安) 연년여의(年年如意)'라

(왼쪽) 에티살랏의 광고 '새해' 편 (아랍에미리트, 2011)
(오른쪽) M&M 초콜릿의 광고 '새해' 편 (중국, 2016)

고 줄여 쓴다. 지금도 시골에서 봄을 맞이해 대문이나 대들보 등에 좋은 뜻의 글귀를 써서 입춘방(立春榜)을 붙이듯, 이 광고에서도 입춘방 내용을 헤드라인으로 활용했다. 설날에 나누는 덕담을 모두 활용해 M&M 초콜릿의 새해 축하 인사로 전이하는데 성공한 셈이다.

아랍에미리트 아부다비에 본사가 있는 다국적 이동통신 서비스 사업자인 에티살랏(Etisalat)의 광고 '새해' 편(2011)을 보면 밤하늘에 휘황하게 터지는 불꽃이 장관을 이루고 있다. 불꽃놀이인가 싶었는데 자세히 보니 불꽃이 모여 에티살랏의 로고를 만들어냈다. 이 장면은 "행복한 새해! 2011년에 당신의 길이 성공으로 반짝이기를 바라며"라는 헤드라인을 뒷받침하기에 충분하다. 소비자들은 밤하늘을 수놓은 불꽃 무늬를 보면서 브랜드 로고를 생각했을 것이다.

설령 나라별로 아무리 문화적 차이가 크더라도 외국과 우리나라의 새해 축하 광고의 내용은 달라도 너무 다르다. '근하신년'이나 '하정(賀正)' 같은 말은 '연하장'이라는 단어와 함께 일본에서 들어왔다. 새해를 맞이해 연하장을 보내거나 축하 광고를 하는 것은 원래 일본의 세시 풍속이었다.[1] 일제강점기 이후 우리나라에 유입되었다.

이제는 새해 축하 광고에서도 브랜드와의 상관성을 고려해야 한다. 늘 해오던 대로 "고객 여러분! 새해 복 많이 받으세요."라고 말한들 기업으로부터 정말 복을 받았다고 느끼는 소비자는 단 한 명도 없으리라. 광고에서 상관성이란 광고 내용이 제품이나 브랜드와 관련되는 정도를 뜻한다. 만약 술 광고라면 "새해 첫 잔"이라고 표현하면 브랜드와의 상관성이 더 높아지지 않을까? 새해 축하 광고가 좀 더 차별적으로 바뀐다면 우리의 새해 인사법도 달라질 것이다.

[1]   신인섭, 김병희 (2007). "신년 축하 광고." 『한국 근대광고 걸작선 100: 1876– 1945』 서울: 커뮤니케이션북스. pp.149–153.

백화수복 "새해 첫잔", "어머니도 한잔"

설날은 한 해의 건강과 풍요를 기원하는 우리 국민의 최대 명절이다. 설날을 앞두고 대략 한 달 전부터 각종 선물 광고들이 쏟아진다. 설날이나 추석을 앞둔 무렵을 대목이라고 하니 기업 입장에서는 상품 마케팅 활동을 전개하기에 최적의 시점이다. 그런데 많은 광고에서 할인 행사를 알리거나 판매자 의도만 지나치게 노골화시키니 아쉽다. 메시지의 여운을 남기지도 마음에 울림을 남기지도 못한다. 그런데 지난 1980년대 후반의 술 광고에서, 설날 광고란 이래야 한다는 좋은 본보기를 확인할 수 있었다.

백화양조의 백화수복 광고 '새해 첫잔' 편(1986)에서는 1987년의 새해를 앞두고 새해 첫날의 소망을 기원했다. 백화양조(현 롯데칠성 군산공장)는 1945년에 백화수복을 출시한 이후 지금은 청주(淸酒)의 대명사로 자리 잡았다. 광고에서는 아들인지 후배인지 제자인지 모르겠지만, 젊은이가 어르신에게 술을 따르고 있는 순간을 찍은 사진을 이미지로 활용했다. 미소를 가득 머금고 정담을 나누는 술자리가 참 정겨워 보인다. 사진 이미지도 좋지만 광고에서는 "새해 첫 잔"이라는 헤드라인이 가장 눈길을 끈다. 그 아래에 "건강 과 평안을 비는 백화수복으로 시작하십시오."라는 서브 헤 드라인을 써서 헤드라인을 보완했다. 보디카피는 이렇다.

"새해 첫날이면/ 평소 존경하는 웃어른, 은사님.../ 혹은 여러 친지들을 찾아 뵙고/ 한해의 소망을 빌며/ 못다한 정 담을 나눕니다./ 그런 자리에는/ 백화수복이 제격이죠./ 수 복의 은은한 맛과/ 우아한 향이/ 대화의 깊이를 더해주기 때문입니다./ 이번 새해에도/ 한해의 건강과 평안을 비는/ 백화수복으로 첫잔을 나누십시오."

참 매력적인 광고 카피다. 한 해가 끝나는 마지막 날에 술 광고를 하면서(조선일보, 1986. 12. 31), "새해 첫잔"이라고 했 으니 이튿날 새해 아침에 마시는 술은 어쨌든 새해 첫잔이 되는 셈이다. 그 무렵엔 음력 1월 1일이 아닌 양력 1월 1일 에 신정(新正)을 쇠는 집도 있어서 새해 첫날을 겨냥한 광고 였다. 양력 설날에 제사를 지내는 사람들도 차례상에 제주 (祭酒)를 올리고 나서 음복(飲福)을 할 텐데 그 때 마시는 술 도 어쨌든 새해 첫잔일 수밖에 없다. 새로운 마음가짐으로 새해를 맞이하는 모든 사람들에게 새해의 각오와 함께 첫

잔의 의미를 가득 부어주는 광고다.

광고 표현의 수준에서 볼 때도 "새해 첫잔"이라는 카피는 명료성과 상관성이 돋보인다. "차례상에 백화수복 올리는 거, 올 설에도 잊지 마세요." "청주는 역시 백화수복." 헤드라인을 이렇게 썼다면, 식상하지만 틀리지는 않았다. "새해 첫 날 첫 잔은 백화수복"이라고 써도 평타는 친 셈이다. 그런데 군더더기를 다 없애고 "새해 첫잔"이라는 간명한 한 마디로 압축했다. 설날에 제사를 지내고 나서 차례 상에 놓인 술로 음복한다는 사실에서 착안한 카피가 분명한데, 식상함에서 벗어나려고 애쓴 광고 기획자와 카피라이터 솜씨가 돋보인다.

이어지는 시리즈 광고도 감동적이다. 백화수복 광고 '어머니도 한잔' 편(1987)은 음력 설 전날에 집행됐다(조선일보, 1987. 1. 28). 이 광고에서는 부모님께 술 한 잔 올리는 아들의 마음을 담았다. 사진 이미지는 연로하신 부모님과 장년의 아들이 함께 정담을 나누는 자리에서 아들이 어머니에게 술을 따르는 순간이다. 재미있게도 술은 아들에게 받으면서도 어머니의 시선은 아버지를 향하고 있다. 한 평생을 같이 살았을 텐데도 남편을 바라보는 어머니는 빙그레 미소만 짓고 있다. 이 광고에서도 사진 이미지가 좋지만 역시 "어머니도 한잔"이라는 헤드라인이 가장 가슴에 와 닿는다.

"오래오래 사시길 빌며 백화수복 한잔을 드립니다." 이런 서브 헤드라인에 아들의 마음을 담았기에 헤드라인의 메시지에 더 공감하게 된다. 보디카피는 이렇다.

"설날,/ 오늘처럼 즐거운 날/ 형제자매끼리 모여/ 오붓한 정을 나누는 자리-/ 이렇게 키워주신 아버지 어머니께/ 오래도록 건강히 지내시길/ 빌어드립니다./ 언제나 잔일 궂은일로 상한 마음을/ 늘 혼자서만 삭여오신 어머니./ 결혼 후 아버지 앞에서는/ 처음이시라며/ 잔 받기를 쑥스러워 하시는 어머니에게/ 백화수복 한잔을 드립니다."

그때는 정부에서 설날이 아닌 신정을 쇠라고 권고했다. 역대 정부에서는 신정을 쇠느냐 전통적인 설을 쇠느냐를 놓고 국민들과 줄다리기를 했다. 심지어 전통적인 설날을 공휴일에서 제외하고 1월 1일을 공휴일로 정한 때도 있었다. 우여곡절 끝에 1985년부터 음력 설날은 '민속의 날'이라는 이상한 이름을 얻었고 겨우 공휴일로 지정되었다. 노태우 정부의 집권기인 1989년에 들어서야 음력설이 마침내 '설날'로 완전히 복권됐다. 그리고 이때부터 술과 음식 같은 제수를 나눠 먹는 음복 의식도 더 가치를 얻게 됐다.

이 광고는 1987년에 나왔으니 설날 광고가 아닌 '민속의 날' 광고였던 셈이다. 언제나 이런저런 잔일, 궂은일로 상한 마음을 혼자서 감당했을 어머니에게 드리는 아들의 마음이

백화수복의 광고 '새해 첫잔' 편 (1986. 12. 31), '어머니도 한잔' 편 (1987. 1. 28)

절절하게 느껴진다. 그런데 어머니에게 백화수복 한잔을 올린다는 대목에서 "결혼 후 아버지 앞에서는 처음이시라며 잔 받기를 쑥스러워 하시는"이라고 묘사한 보디카피가 조금 낯설다. 카피라이터의 집안 분위기가 가부장적 엄격함이 강해서 그렇게 쓴 것인지, 아니면 그 무렵까지도 부부끼리 겸상을 하면서 술잔을 주고받는 것을 꺼려하는 일상의 불문율이 존재했는지, 사회문화사의 맥락에서 고증해볼 대목이다.

설날이란 말만 들어도 가슴이 설레게 마련이다. 해마나 어김없이 다가오는 명절이지만 설은 언제나 나이 한 살을 더 먹으며 다가왔다. 누구는 한 살 덜 먹었으면 하는 마음일 것이고, 누구는 한 살 더 먹었으면 하는 마음이었으리라. 하지만 누구에게나 똑같이 한 살이 더해진다. 그것이 설의 가르침이지만, 실제로 나이를 한 살 더 먹더라도 마음만은 한 살 덜 먹은 듯이 젊게 살겠다는 마음이 중요하다. 우리 모두가 그런 마음으로 '새해 첫잔'을 마셨으면 좋겠다.

미국 슈퍼볼 광고 중 선호도 1위 광고는

미국 최대의 스포츠 행사인 슈퍼볼(Super Bowl, 미국프로풋볼의 결승전)은 경기 자체도 대단한 인기를 끌지만 한 해의 광고 크리에이티브의 결전장이라고도 할 수 있다. 시청률 조사회사 닐슨(Nielsen)은 2020년 2월 2일에 열린 '2020 슈퍼볼'을 지켜본 미국 내 시청자가 1억 2천만 명이었다고 발표했다. 슈퍼볼 시간에 광고를 노출하려면 우리 돈으로 1초에 2억 2천만원에 가까운 천문학적인 광고비를 지출해야 한다. 하지만 들어갈 시간대가 없어 못 들어가는 광고주도 많다.

슈퍼볼 입장권 값은 일반석 약 544만 원(4,220달러)이지만 재판매 사이트에서 거래된 가격은 1,290만 원(1만 달러)까지 올르고, 가장 비싼 스카이박스는 약 7,740만 원(6만 달러)까지 치솟았다. 슈퍼볼의 방송 중계는 보통 NBC, CBS, FOX 방송사가 3년 주기로 돌아가며 번갈아 맡는데 2020년에는 폭스TV가 중계했다. 2020년 슈퍼볼 경기에는 캔자스시티 대 샌프란시스코가 붙었는데, 폭스TV는 30초 광고 1회에 약 66억 원(560만 달러)의 광고비를 받았다. 그런데도 들어갈 자리가 없을 정도였다. 이 경기에서 캔자스시티는 1970년 이후 50년 만에 우승을 차지했다. 재선에 도전해야 하는 트럼프 대통령도 이때 광고를 했는데, 60초 광고 1회 노출에 132억 원이었고 모두 62개의 광고가 송출됐으니 트럼프가 쓴 광고비는 우리의 상상을 초월한다.

미국 일간지 〈USA투데이〉는 해마다 'AD미터'라는 슈퍼볼 광고에 대한 선호도를 조사해왔고 조사의 공신력도 인정받고 있다. 2020년의 AD미터 선호도 조사에서는 지프(Jeep)의 광고 '그라운드호그 데이(Groundhog Day)' 편이 평점 7.01로 전체 62개의 광고 중에서 1위를 차지했다. 그 뒤를 이어 평점 6.98점인 현대자동차의 'Smaht Pahk' 편, 평점 6.77점인 구글의 'Loretta' 편, 평점 6.62점인 제과 브랜드 도리토스(Doritos)의 'The Cool Ranch' 편, 평점 6.60점인 로켓 모기지의 'Comfortable' 편의 순으로 주목을 받았다. 그리고 기아자동차의 'Tough Never Quits' 편은 평점 6.19점으로 8위를 차지했다.[2] 우리나라 자동차 회사의 광고

2   Ethan Jakob Craft (2020. 2. 3). "Jeep's 'Groundhog Day' commercial wins USA

가 10위 안에 2편이나 들어갔으니 한국 광고의 수준도 상당한 경지에 이르렀다고 할 수 있다.

제4차 산업혁명 시대라고들 하지만 사람들은 여전히 향수나 노스탤지어를 좋아한다. 1위를 차지한 짚(Jeep)의 '그라운드호그 데이(Groundhog Day)' 편은 전형적으로 향수(鄕愁)에 소구하는 광고다. 우리에게는 생소한 그라운드호그 데이란 미국에서 어떤 날을 말하는 것일까? 설치류인 우드척 다람쥐(groundhog)가 겨울잠에서 깨어나는 2월 2일인데 성촉절(聖燭節)이라고도 한다. 개구리가 겨울잠에서 깨어난다는 우리나라의 경칩에 해당되는 날이다. 이날 미국 전역에서는 봄이 오는 시기를 예측하는 행사가 대대적으로 열린다. 미국인들은 핸들러(handler)라고 하는 마을의 원로가 다람쥐를 굴 밖으로 꺼내 단상에 올려놓을 때 그라운드호그가 자기 그림자를 보면 겨울이 6주 이상 지속되고, 반대로 그림자를 보지 않으면 봄이 일찍 온다고 한다. 물론 옛 풍습이기는 하지만 미국인들은 그라운드호그를 통해 봄이 오는 시기를 이처럼 예측했다. 지프 광고는 성촉절의 향수

Today's Super Bowl Ad Meter." Advertising Age. (https://adage.com/article/special-report-super-bowl/jeeps-groundhog-day-commercial-wins-usa-todays-super-bowl-ad-meter/2233626)

를 불러일으키며 다음과 같이 시작된다.[3]

"자, 친구들. 어서 일어나! 그라운드호그 데이야!" 급하게 침대에서 일어난 할아버지는 시계를 본다. 새벽 6시다. "옷 잘 챙기고..." 늦었다는 듯 "안 돼."하며 급히 집을 나서는데 거리에서 "필(Phil)! 필!"하고 친구가 부른다. "에이 설마." "나야, 네드 라이어슨!" 친구가 부르는데도 할아버지는 다 무시하며 황급히 걸어간다. "오, 나의 작은 친구... 옳지." 지프차를 보는 순간 이렇게 말했다. "저건 좀 다른데?", "옳지... 이보슈!", "그라운드호그를 가져가면 어떡해!" 남의 차를 훔쳐 타고 달아나는 할아버지의 표정이 흥미롭다. "필?", "이봐요, 얼어 죽겠소.", "무슨 상관이죠? 내일 봐요!", "안전이 먼저야", "그라운드호그를 또 가져갔잖아!", "필?" 할아버지는 게임기 앞에서 즐거운 시간을 보낸다. "때리고 싶어서 때리는 게 아니야, 그냥 게임이지." "오늘 하루 괜찮았지, 응?(Not a bad day, huh?)" "지프 글래디에이터

---

3 이 광고의 원문 카피는 다음과 같다. "Okay campers, rise and shine! It's Groundhog Day! And don't forget your booties... Oh no, Phil?! Hey Phil! No, not you... It's me, Ned Ryerson! Okay, little fella... good job. That's different. Good job... Hey! He's got the groundhog! Phil? Hey! You're going to freeze to death. Who cares? See you tomorrow! (음악) Don't let them say your hair's too long... (노래 가사) Safety first. He's got the groundhog! Phil? It's not personal. It's just a game. Not a bad day, huh? NO DAY IS THE SAME IN A JEEP. GLADIATOR. jeep. There's only one. Happy groundhog day."

지프의 광고 '그라운드호그 데이' 편 (2020)

는 매일 새로운 날들을 선사한다(NO DAY IS THE SAME IN A JEEP. GLADIATOR." "지프. 세상에 단 하나. 해피 그라운드호그 데이."

이 광고는 영화《사랑의 블랙홀(Groundhog Day)》(1993)을 패러디했다. 영화에 출연했던 빌 머레이(Bill Murray, 1950-)가 다시 광고 모델로 등장한다. 영화의 줄거리는 대강 이렇다. 기상 캐스터 필 코너스는 해마다 성촉절 취재를 위해 촬영을 나갔다가 놀라운 경험을 하게 된다. 취재를 마치고 돌아가려는데 폭설을 만나 발이 묶인다. 그런데 다음날 아침에 일어나 보니 날짜가 지나지 않고 바로 어제의 똑같은 그날이다. 어제와 똑같은 오늘이 계속되자 필 코너스는 반복되는 날들에 환멸을 느껴 자살을 시도하지만 새로 온 신임 프로듀서 리타를 만나 사랑에 빠지게 된다는 내용이다.

이 영화는 매일 똑같은 날이 반복되는 권태 문제를 생각하게 했다. 광고에서도 영화의 구성을 그대로 가져와 지루한 일상에서 벗어나고 싶어하는 할아버지 빌 머레이의 일탈을 보여준다. 검투사 픽업 트럭으로 지프의 향수를 불러일으키고 빌 머레이는 영화의 필 코너스 같은 역할을 충분히 보여주었다.

제4차 산업혁명 시대에 최첨단 기술을 강조하는 광고들이 대부분인 상황에서, 미국인들이 이 광고에 가장 높은 점수를 주었다는 데서 사람들은 여전히 향수나 노스텔지어를 좋아한다는 사실을 확인할 수 있다. 시대가 변해도 향수는 문화를 형성하는 기저 감정임이 분명하다. 미국에서도 그러할진대 하물며 우리나라 문화의 기저에는 향수 감정이 얼마나 강하게 깔려 있을지 굳이 강조할 필요는 없으리라.

세시풍속을 활용한 광고

해마다 봄이 다시 돌아온다. 사뿐사뿐 걸어온다. 겨울은 결코 봄을 이길 수 없다. 24절기의 첫 번째인 입춘(立春), 봄의 시작을 알리는 날이다. 우리 선조들은 입춘을 봄의 시작으로 봤다. 입춘에 관련된 세시풍속 중에서 입춘축(立春祝) 혹은 입춘첩(立春帖)은 세월이 흘러도 여전히 계승되고 있다. 건강과 복을 기원하며 대문이나 문설주에 붙이는 글귀다. 우리나라에 입춘이 있다면, 일본에는 세쓰분(節分) 풍습이 있다. 봄이 어떤 소리를 내며 걸어오는지 두 나라 광고를 통해 살펴보자.

CJ제일제당의 해찬들 광고 '봄' 편(2013)에서는 겨울에서 봄으로 넘어가는 입춘 무렵의 풍경을 서정적으로 묘사했다. 광고가 시작되면 "자연이 해찬들에게"라는 카피가 자막과 내레이션으로 흐른다. 마당의 장독대 옆에 모델 신하균 씨가 추위에 손을 호호 불며 서있다. 눈길을 걸어간 발자

CJ제일제당 해찬들의 광고 '봄' 편 (2013)

국이 보이가 싶더니 곧바로 카피가 흐른다. "추위를 두려워 마라. 견뎌낸 시간만큼 맛은 더 깊어질 터이니." 그 사이에 처마 밑에 매달린 메주가 한겨울의 매서운 추위를 견뎌내고 있는 장면이 스쳐간다.

광고 모델이 활짝 웃으며 '입춘대길(立春大吉) 건양다경(建陽多慶)'이라는 입춘축이 붙은 대문을 활짝 열어젖힌다. 심호흡을 하고 있어도 평화로워 보인다. 다시 장면이 바뀌자 모델은 보글보글 끓는 찌개를 맛보며 활짝 웃는다. "자연의 시간표대로- 해찬들"이라는 내레이션이 들리며 광고가 끝난다. 광고에서는 자연의 시간표대로 움직이는 기다림의 철학을 형상화했다. 잔잔하게 흐르는 영상미와 신하균 씨의 부드러운 목소리가 잘 어울린다. 추위를 잘 견뎌 장맛이 더 깊어졌다는 점을 알리기 위해 장맛을 깊이 음미하는 그의 표정 연기는 특히 인상적이다.

광고 메시지에서도 진정성이 느껴진다. 깊은 울림도 있다. 장류(醬類)는 음식에 넣는 조미료이기 때문에 광고에서 제품의 특성이나 소비자 혜택을 직접 표현하기가 어렵다. 광고 모델의 표정 연기를 통해 간접적으로 나타낼 수밖에 없는데, 해찬들의 '깊은 맛'이라는 특성 전달에 신하균 씨의 연기력이 크게 기여했다. 광고에 나오는 "입춘대길 건양다경"이라는 입춘축은 봄이 시작되니 크게 길하고 경사스러운 일이 많이 일어나기를 바란다는 뜻이다. 건강과 복을 기원하는 기원문이 광고로 유인하는 설득의 단서로 쓰였다.

일본 패밀리마트(ファミリーマート)의 광고 '세쓰분' 편(2021)에서는 김밥을 예약 판매한다는 사실을 알렸다. 우리나라 기준으로 입춘을 며칠 앞두고 낸 광고인데, 김밥을 예약 판매 한다니 이해하기 어렵다. 하지만 그냥 김밥이 아니다. 한국의 입춘에 해당되는 세쓰분(節分, せつぶん)에 먹는 에호마키(惠方卷, えほうまき)라는 김밥류 음식이다. 마치 크리스마스 이브처럼 일본에서 '세쓰분'은 입춘 전날을 가리킨다. 광고에서는 "2021년의 세쓰분은 2월 2일"이라고 알리고 아예 "에호마키(惠方卷)"라는 보통명사를 헤드라인으로 썼다.

속이 꽉 찬 김밥 사진을 보여주면서 헤드라인 왼쪽에 "꽉꽉 채운 엄선한 식재료(ぎゅっと詰まった こだわり具材!)"로 만들었다는 점을 부각시켰다. 1월 15일 오전 9시까지 2개를 예약할 경우에 10퍼센트를 할인해준다는 정보도 강조했다. 일본인들은 세쓰분 날에 악귀를 몰아내기 위해 콩을 뿌리는 마메마키(豆まき) 행사를 전국의 절이나 신사에서 벌인다. "귀신은 밖으로(오니와 소토, 鬼は外), 복은 안으로(후쿠와 우치, 福は內)!" 이런 구절을 외치며 집안에 뿌린 콩을 자기 나이만큼 주워 먹는 의식을 치른다.

일본 패밀리마트의 광고 '세쓰분' 편 (2021)

　예전에는 집에서 콩을 볶아 썼지만 지금은 가게에서 콩을 예쁘게 포장해서 판다. 마치 정월 대보름 무렵에 우리나라에서 부럼을 파는 것과 같다. 볶은 콩을 뿌리는 전통적인 행사 외에도 에호마키를 먹는다. 에호(惠方)란 그해의 복과 덕을 관장하는 신이 존재하는 방향을 뜻하는데, 해마다 그 방향이 달라진다. 에호마키는 자르지 않고 한 줄 그대로 먹되 그 해를 가리키는 방향 쪽을 보며 먹는다고 한다. 겉은 김밥과 같지만 초밥처럼 간이 돼 있다는 점이 다르다. 편의점이나 회전초밥 집에서는 세쓰분을 앞두고 에호마키를 알리는 광고를 많이 한다. 들어간 식재료에 따라 값이 달라지며 한 줄에 1000엔이 넘는 것도 있다.

입춘은 우리 모두에게 봄소식을 알려주는 전령사이다. 입춘 무렵의 추위가 매서울수록 우리는 봄이 빨리 오기를 기다릴 수밖에 없다. 중국 송(宋)나라 때의 시인 장식(張栻, 1133-1180)도 입춘의 시심을 비켜가지 않았다. 그는 '입춘우성(立春偶成)'이란 시에서 봄을 기다리는 설레는 마음을 이렇게 노래했다. 김태봉 교수가 번역한 〈입춘에 우연히 짓다〉[4]라는 시 전문을 음미해보자.

律回歲晚冰霜少(율회세만빙상소)
계절은 돌고 해는 늦어 얼음과 서리 줄어들고
春到人間草木知(춘도인간초목지)
봄이 인간 세상에 온 것을 풀과 나무가 아네
便覺眼前生意滿(편각안전생의만)
문득 눈앞에 살아 있는 기운 가득함 깨달으니
東風吹水綠參差(동풍취수록참차)
동풍이 물에 불어 파랗게 초목이 불쑥 자라났구나.

4　김태봉 (2014. 2. 10.) "김태봉 교수의 한시이야기: 입춘 날에." 충청타임스.

우리나라의 입춘은 대체로 2월 4일이고, 일본의 세쓰분은 2월 2일이다. 발음이나 풍속은 달라도 절기의 의미는 같다. 입춘(立春)을 풀이해보면 봄(春)을 세운다(立)는 뜻이다. 겨우내 엎드려있던 봄을 일으켜 세우는 신의 섭리가 경외스럽다. 시에서는 봄이 세상에 온 것을 "풀과 나무가 아네"라는 현재 진행형으로 묘사했다. 사람이 아는 것은 자연도 알고 있다는 경이로운 표현이다. 신이 봄을 일으켜 세우듯, 우리도 각자에게 소중한 그 무엇을 일으켜 세워야 할 때다. 자기만의 '입춘첩'을 마음에 새겨보는 것도 좋겠다.

전통적인 추석 광고도 바꾼 코로나19

가을 추(秋) 저녁 석(夕). 추석에는 고향에 가는 사람들이 많은데, 코로나19는 민족 대이동이라는 한가위 귀향 풍속까지 바꿔놓았다. 코로나19로 인해 고향에 가지 못했더라도 특별히 놀랄만한 일은 아니다. 추석은 세시 풍속의 일종인데, 풍속은 시대 변화에 발맞춰 달라져 왔으니까. 해방 직후부터 1950년대까지의 추석 풍경은 지금과 사뭇 달랐다.

추석날엔 소놀이, 거북놀이, 줄다리기, 활쏘기 같은 여러 가지 민속놀이를 했다. 동네 아주머니들은 보름달 아래에서 추석빔을 곱게 차려입고 둥글게 손을 맞잡고 강강술래를 했다. 1960년대부터는 기차역과 터미널에서 선물 꾸러미를 들고 고향으로 향하는 귀성 행렬이 시작됐다. 해마다 추석 때면 정원의 3배가 넘는 승객이 타서 열차 바퀴의 스프링이 부러졌다는 기사가 신문에 실리기도 했다. 사람이 탑승한 게 아니라 상자처럼 실려 갔다고 보면 된다. 요즘 젊은이들은 고향이 무슨 대수냐고 그렇게 곤혹을 치르면서까지 가야 하느냐고 반문할 수도 있겠지만, 그땐 그랬다.

"코스모스 피어 있는 정든 고향역~" 이렇게 시작되는 나훈아의 '고향역'(1972)이란 노래는 고향의 역이 명절 때면 만남과 이별의 장소가 됐다는 증거이리라. 추석 다음 날엔 어김없이 동네 콩쿠르가 열렸는데 그 열기만큼은 《내일은 미스터 트롯》에 나오는 가수들 이상이었다. 1970년대 말까지 계속된 동네 콩쿠르는 지금은 사라진 옛 추억이다. 1980년대부터는 예매 시스템이 본격적으로 갖춰지면서 고속버스나 열차표를 파는 임시 예매소가 마련됐다. 그리고 시골 부모님이 자식들 보러 올라오는 역(逆) 귀성이 크게 늘어난 것은 1984년 추석을 앞두고부터 였다.[5] 1990년대부터 핵가족 시대가 본격적으로 정착되자 추석의 의미도 조금씩 달라지다가, 2000년대 이후부터는 자식들이 부모에게 '역귀성'을 권유하는 사례도 대폭 늘었고, 차례 상을 차리지 않는 집도 생겨나기 시작했다.

김영민의 "'추석이란 무엇인가' 되물어라"라는 칼럼(경향신문, 2018. 9. 21)이 주목받은 적이 있다. 김 교수는 칼럼에서

---

5 김병희 (2017). "추석 때 고향에 못 가면 눈물만 났었지." 『구보 씨가 살아온 한국 사회: 해방 이후 한국의 풍경1』. 서울: 살림출판사. pp.63~69.

친척이 명절을 핑계로 집요하게 근황을 캐물으면 그들이 평소에 생각하지 못했을 근본적인 질문으로 대꾸하라고 권고했다. 당숙(큰아버지)이 "너 언제 취직할 거니?"라고 물으면 얼버무리지 말고 "당숙이란 무엇인가?"로 대응하고, 엄마가 "너 대체 결혼할 거니 말 거니?"라고 물으면 "결혼이란 무엇인가?"로 응수하라고 했다. 아버지가 "손주라도 한 명 안겨다오"라고 하면 "후손이란 무엇인가?"라고 되묻고, "가족끼리 이런 이야기도 못하니?"라고 하면 "가족이란 무엇인가?"라고 반문하라고 했다. 그는 정체성에 관련된 이런 대화는 해묵은 잡귀 같은 오지랖들을 내쫓고 자유를 선사할 것이라고 주장했다.[6]

김 교수가 대답의 구체적인 사례까지 제시하며 어떤 취지에서 오지랖을 질타했는지는 충분히 이해할 수 있다. 하지만 그런 극단적인 반문에서 가족의 정은 흔적도 찾을 수 없다. 그의 자녀나 조카들이 실제로 그렇게 대꾸했다면 기분이 어땠을까? 더 옳은 말씀일지라도 대꾸에 초점을 맞추기보다 어른의 질문법을 예로 들었더라면 좋지 않았을까? 당숙은 언제 취직할 거냐고 묻지 말고, "취직하기 어려운 건 모두 어른들 책임이야"라는 식으로 말문을 열라고 말이

---

6   김영민 (2018. 9. 21). "'추석이란 무엇인가' 되물어라." 경향신문.

다. 듣는 당사자들은 힘들겠지만 구체적인 대화는 조금도 나누지 않고 그저 남 얘기나 정치 얘기만 하고 헤어진다면, 가족 간의 만남이라고 할 수 있을까?

일동제약의 아로나민골드 광고 '효' 편(1986)에서는 만면에 웃음을 가득히 담고 있는 늙으신 아버지의 모습이 정겹다(경향신문, 1986. 9. 13). 자식을 만나니 좋으면서도 힘들게 뭐 하러 왔냐며 해마다 똑 같은 말씀을 되풀이하는 부모님, 이것이 추석의 진면목이다. 이런 아버지가 오랜만에 만난 자식에게 딱히 할 말도 없다 보니 "손주라도 한 명 안겨다 오"라고 말했다고 해서 "후손이란 무엇인가"라고 되물으면 어떻게 될까? 부모님의 판에 박힌 레퍼토리라도 잠깐 만나는 하루 정도 자식이 들어주면 안 되는 일인가 싶다.

다시 광고로 돌아가서, 기뻐하는 아버지의 사진 옆에 "힘

일동제약 아로나민골드의 광고 '효' 편 (1986)

든데 뭐 할라고 내려왔노?"라는 헤드라인을 썼다. 이어지는 보디카피는 이렇다. "그렇게 곁에 두고 함께 살고 싶은/ 자식 손주들이건만,/ 1년이래야 한두 번/ 명절 때나 찾아뵙는 것이 고작인데…/ 뵐 때마다 반가운 마음은 감추시고/ 언제나 되풀이하시는 말씀./ '힘든데 뭐 할라고 내려왔노?'/ 날이 갈수록 근력에 부치는/ 당신들 농삿일 고생보다는,/ 객지생활 자식 걱정에만 마음 쓰실 뿐./ 건강하게 오래오래 사셔야 할텐데…/ 내년엔 어떻게든 꼭 모셔야 할텐데…/ 해마다 이맘때면 고향을 찾으며/ 못난 자식이 새겨보는 다짐입니다."

전통적인 추석 광고의 전형을 엿볼 수 있다. 구체적으로 표현하지는 않았지만 부모님께 효도하는 마음으로 아로나민골드를 선물하라는 광고 메시지를 전달했다. 100세 시대라는 말이 최근에야 일상어로 자리 잡은 상황에서, 지금부터 한참 오래 전에 "건강 100세를 추구하는-"이란 기업 슬로건을 채택한 혜안이 돋보이는 광고다.

코로나19 시기에는 추석이 다가와도 부모님의 판에 박힌 레퍼토리를 듣기 어려웠다. 전국의 지방자치단체에서는 고향 방문 안 하기나 이동 자제하기 같은 코로나 확산 방지 캠페인을 전개했다. "며늘아! 이번 추석은 너희 집에서 알콩달콩 보내렴.", "내 소중한 자식들아. 차례는 우리가 알아

아들아~~ 추석엔 오지말거라~
아버지~~ 구정엔 내려갈게요.

추석명절
코로나
제로!

불효자는 "옵"니다.

코로나19 확산방지를 위해 이번 추석명절엔 오지 마란 말이야~~~

추석명절
코로나
제로!

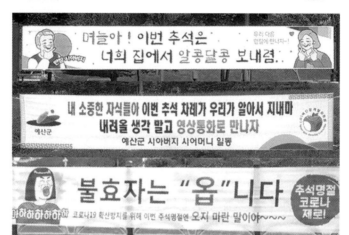

지방자치단체들의 펼침막 카피들 (2020)

서 지내마. 내려올 생각 말고 영상통화로 만나자.", "아들아
~~ 추석엔 오지 말거라~ 아버지~~ 구정엔 내려갈게요.",
"불효자는 '옵'니다. 코로나19 확산 방지를 위해 이번 추석
명절엔 오지 마란 말이야~~~" 시골 마을 곳곳에는 이런
익살스런 펼침막이 내걸렸다.

　"불효자는 옵니다." 이 카피는 2020년 펼침막 카피의 압
권이었고 소셜미디어에서 크게 화제가 됐다. 가수 진방남

씨의 노래 제목인 〈불효자는 웁니다〉(1940)에서 '웁'을 '옵'으로 바꿔, 쉽고도 재미있게 기발한 카피를 써냈다. 고향 방문을 하지 말라고 하지 않고 고향 방문자가 불효자라고 했으니, 행동의 자제를 촉구한 강력한 카피였다. 강원도 정선군의 공무원 조대현 주무관이 추석 현수막 공모전에 제출한 카피였다.[7] 대학에서 광고학을 전공한 그는 가수 노라조의 노래 〈슈퍼맨〉을 개사해 "아들아~~ 추석엔 오지 말거라~ 아버지~~ 구정엔 내려갈게요."라는 다른 카피도 써냈다.

고향 방문을 자제하라고 말하기 쉽지 않은 상황에서, 지자체들은 효도의 새로운 정의를 펼침막 광고로 알려준 셈이었다. 추석의 귀향 풍경은 해마다 변해왔지만 여전히 많은 분들이 고향을 찾았다. 고향 어르신들을 만나 햅쌀밥과 송편을 나눠 먹다 보면, 사실 지나간 옛 시절의 추억 말고는 딱히 나눌 이야기가 없을 때도 많다. 만나서 함께 나눌 수 있는 공통된 화제가 딱히 떠오르지 않고, 사용하는 일상용어나 하는 일도 각자 달라서 그렇다.

어르신들의 언어는 젊은이들보다 빈약할 수밖에 없다.

---

7   박진호 (2020. 9. 23). "'불효자는 옵니다' 톡톡 튀는 문구, 정선군 공무원의 솜씨." 중앙일보.

그러니까 그분들은 오랜만에 만난 조카나 자식들에게 불쑥 근황을 묻는다. 다만 김영민 교수의 표현처럼 집요하게 캐묻는 정도는 아니다. 생활의 공통분모가 없으니 취직, 결혼, 출산 같은 것만 물을 뿐이다.

어르신들의 판에 박힌 질문이 그토록 잘못된 일은 아니다. 그분들의 상투적인 오지랖을 내쫓고 후손들이 얻어내는 자유가 그토록 소중한 것인지, 솔직히 잘 모르겠다. 꼰대 감각이라며 비판해도 어쩔 수 없다. 추석이란 무엇인가? 더도 말고 덜도 말고 한가위 보름달 같은 넉넉한 마음을 나누는 날이다. 해마다 추석이 오면 사랑하는 사람과 '가을 저녁(秋夕)'의 삽상한 바람 속을 걸어보며 서로 눈치 보지 말고 많은 이야기를 나눴으면 한다. 연인 사이든 가족 끼리든 사랑하는 사람의 손을 잡고서 말이다.

5부 –
유머

즐거워서 더 잘 기억하는 광고

TREND _____

NEWTRO _____

COVID-19 _____

SEASON _____

HUMOR _____

역대급 만우절 광고

4월 1일 만우절, 이날만큼은 거짓말 장난이 허용된다. 뜻밖의 거짓말에 당황해 하던 사람도 "만우절이잖아"하고 말하는 상대방의 말 한 마디에는 아무 일도 없었다는 듯 함께 웃고 넘어간다. 16세기에 유럽에서 시작된 만우절 풍습은 지금도 여전히 현재 진행형이며 광고 활동에도 영향을 미치고 있다. 만우절을 기념하는 기상천외한 가짜 광고들도 해마다 등장하고 있다.

타코벨(Taco Bell)의 '만우절' 편(1996)은 만우절 광고 중에서도 역대급이었다. 1996년 4월 1일, 멕시코 음식을 취급하는 식당 체인점인 타코벨이 '자유의 종(Liberty Bell)'을 매입하기로 했다는 내용을 담은 전면 광고가《뉴욕 타임즈》를 비롯한 미국의 6개 주요 일간지에 게재됐다. 자유의 종을? 사람들은 놀랐다. 1751년, 펜실베이니아의회가 필라델피아의 의사당 신축 건물(현재의 독립기념관)에 달기 위해 만들었던 '자유의 종'

은 독립선언서의 채택을 기념해 1776년에 처음 타종한 이
래로, 1846년까지 독립기념일마다 타종을 계속해온 미국
의 상징물이었으니까 사람들이 놀랄 만도 했다.[1]

"타코벨, 자유의 종 매입(Taco Bell Buys The Liberty Bell)." 광
고에서는 이런 헤드라인 아래 그럴듯한 보디카피를 다음과
같이 덧붙였다. "타코벨은 연방정부의 부채를 덜어주기 위
해 미국에서 가장 역사적인 보물의 하나인 '자유의 종'을 매
입하기로 결정했다는 사실을 알리게 돼 기쁘게 생각합니
다. 이제, 자유의 종은 '타코 자유의 종(Taco Liberty Bell)'이라
고 부르게 되지만 여전히 미국인들이 보실 수 있습니다. 논
쟁의 여지가 많다고 하실 분들도 있겠지만, 타코벨은 우리
의 행동이 정부 부채를 덜어줄 비슷한 조치를 다른 기업에
서도 취하는데 영향을 미치기를 기대합니다."

광고가 나가자마자 미국 전역은 혼란에 빠졌다. 흥분한
독자들은 자유의 종을 관리하는 필라델피아공원국과 백악
관에 전화를 걸어 미국의 상징을 매각해서는 안 된다며 항
의했다. 사실 자유의 종은 필라델피아시의 재산이라 광고
에서 암시하는 것과 달리 연방정부가 직접 매각을 결정할

[1]   Hoaxes (2000). "The Taco Liberty Bell." Hoaxes. http://hoaxes.org/archive/per-
       malink/taco_liberty_bell

수는 없다. 당황한 백악관은 광고 내용이 사실과 다르다고 하면서 "퍽 재미있는 만우절 광고"라고 논평했다. 필라델피아시 당국도 자유의 종을 매각할 계획이 영원히 없다는 성명서를 발표했다. 온 나라가 떠들썩해지자 타코벨은 만우절 정오에 광고 내용이 "오늘 최고의 농담"이라고 설명하는 보도자료를 배포하고 자유의 종을 관리하는 비용으로 5만 달러를 기부하겠다고 발표했다. 안도한 미국인들은 기업의 재치에 감탄했고, 언론에서는 역사적으로 투자비에 비해 가장 높은 광고 효과를 거뒀을 것이라고 보도했다.

구글에서는 매년 4월 1일이 되면 재미있는 만우절 광고를 선보였다. 구글 노즈(Google Nose) 광고 '후각' 편(2013)에서는 구글이 냄새까지 검색할 수 있다는 흥미로운 내용을 전달했다. 구글에서 냄새를 검색할 수 있다면 어떤 일이 벌어질까? 광고에서는 이런 상상력을 현실화시켜 사람들이 검색을 통해 자신이 원하는 어떤 냄새를 맡아보는 상황을 제시했다. "구글 검색은 믿을 수 없을 정도로 강력합니다. 인류의 지식, 이미지, 책, 동영상을 대부분 검색할 수 있어요." 광고가 시작되면 품질 책임자 존 울리(Jon Wooly)가 구글의 검색 기능을 자랑하면서도 그동안 검색 경험에서 중

타코벨의 광고 '만우절' 편 (1996)

요한 부분을 놓치고 있었다는 점을 환기한다.[2]

　그는 하루 5번씩 산책시키다 보면 강아지가 이곳저곳 쿵
쿵거리는데, 쿵쿵거리며 냄새를 맡는 것이 강아지가 세상
의 정보를 습득하는 방법이 아니겠느냐며 반문한다. 그런
다음 공학기술 책임자가 등장하면서 구글 노즈를 활용해
이제 사용자가 냄새까지 검색해 맡아볼 수 있다고 말한다.

2　Ad Age (2013. 3. 31.). "Google Launches 'Google Nose,' Introduces 'Gmail Blue'
and Shuts Down YouTube: Company unveils suite of April Fool's pranks," https://
adage.com/creativity/work/introducing-google-nose/31160

구글의 광고 '후각' 편 (2013)

"시각, 청각, 후각을 융합한다는 것은 수십 년 동안 공상과
학 소설에서나 봤음직한 경이로운 일이죠. 구글 노즈 베타
를 발표하게 돼 기뻐요. 구글에서 자신 있게 내놓는 후각 인
지 기능으로 사용자들은 이제 냄새도 검색할 수 있어요."

데이지 향기나 장미 향기도, 캠프파이어 할 때 나는 매캐

한 냄새도, 유령 냄새도, 새 차 냄새도, 고대 이집트 무덤의 냄새도 스마트폰이나 컴퓨터에서 클릭 한번으로 맡을 수 있다는 설명이 계속된다. "초저주파를 사용해 광자를 교차시키는 방법으로 구글 노즈 베타는 분자를 새롭게 배열하여 어떤 냄새도 모방할 수 있습니다." 사람들이 사무실 컴퓨터 화면 앞에 코를 대고 킁킁대는 장면에 이어, 마지막으로 구글 노즈를 설명하며 광고가 끝난다. 베타 버전이라는 사실을 공지했지만 사람들은 구글에서 정말로 냄새 검색 서비스를 시작한 것으로 오해한다. 구글 노즈 베타는 어디까지나 아직 실현되지 않은 구글이 상상하는 미래의 서비스인데도 말이다.

만우절의 기원에 대한 설은 많다. 1564년 프랑스왕 샤를 9세가 새해를 4월 1일에서 1월 1일로 변경하는 법안을 반포했는데, 그 소식을 듣지 못한 국민들이 4월 1일을 기념한 것에서 만우절이 시작됐다는 설이 가장 믿을만하다. 그 후 만우절은 지금처럼 거짓말을 기념하는 날이 됐다. 외국에서는 이날 속아 넘어간 사람을 4월의 바보(april fools)라고 놀리며 장난을 친다. 유럽이나 미국의 광고주들은 만우절 하루만 노출하는 광고를 만드는 경우도 많다.

상당한 비용을 들여 가짜 광고를 만드는 까닭은 소비자들과 장난치며 유대감을 형성하려는 목적이 크다. 만우절 광고의 백미는 기발한 상상력을 마음껏 발휘하는 것에 있다. 보통의 광고에서도 그렇지만 만우절 광고에서는 특히나 광고 창작자의 재치나 솜씨가 더 중요할 수밖에 없다. 이 날만큼은 과장 광고나 허풍 광고가 모두 허용된다. 하지만 브랜드와의 상관성이 떨어지는 광고를 하면 소비자의 취향을 저격하지도 못하고 주목 효과도 기대할 수 없다.

외국에 비해 우리나라는 만우절 광고가 드문 편이다. 과장이나 허풍을 웃어넘기지 못하는 우리의 문화적 풍토 때문일 가능성이 높다. 아니면 가짜 뉴스(fake news)로 인해 골머리를 앓는 마당에 가짜 광고까지 범람한다면 너무나 혼란스럽기에 그러는 것일 수도 있다.

누구나 카피를 쓰는 시대, 배민 신춘문예

카피라이터는 광고 문안을 작성하는 사람으로서 브랜드 메시지를 만드는 광고 전문가다. 광고회사에 카피라이터로 입사했다고 해서 바로 카피라이터로 인정받는 것은 아니고, 일정 수준에 도달한 카피를 썼을 때 비로소 카피라이터라는 명칭을 얻는다. 하지만 최근들어 사정이 많이 달라졌다. 광고 전문가의 영역으로만 여겼던 카피라이팅이 일반인에게도 문호가 개방되고 있으니 말이다.

글재주가 좀 뛰어나다고 해서 일급 카피라이터로 대성한다고 단정짓기는 어렵다. 광고 창작 현장에서 좋은 아이디어를 내지 못하면 언제든 수명이 끝나는 것이 카피라이터의 운명이기 때문이다. 배달 앱 서비스를 만들고 있는 우아한형제들의 배달 앱 '배달의민족'에서 공모한 배민 신춘문예는 일반인의 카피라이터 등용문이 되고 있다. 배민 신춘문예는 지난 2015년 이후 음식을 주제로 '우리는 모두 시인이다'라는 캠페인을 전개해왔다. 그런데 수많은 공모전 중 하나로 보면 안 되는 것이 응모 편수가 엄청나고 당선작이 되면 가히 확산성이 폭발적이다. 역대 수상작에서 톡톡 튀는 카피 맛을 느껴보자.

2015년의 제1회 배민 신춘문예에서는 "산해진미 갖다놔도 엄마가 해주시는 집밥보다 맛있는 건 없네요-시집 '우리 집은 치킨집'에서"라는 카피가 대상의 영예를 얻었다. 최우수상은 "시작이 반반이다-아리스토텔레스", 우수상은 "우리 위장 부르게 부르게-배민킴벌리"였다. 2016년에는 불고기피자를 5행시로 푼 "불조심해. 가스밸브 잘 잠그고/ 고기 같은 것도 좀 사먹어/ 기어이 독립하니 좋니?/ 피치 못할 사정 아니면 가끔은/ 자기 전에 엄마한테 전화 좀 해줘."가 대상을 받았다. 스파게티를 4행시로 푼 "스스로 아무 것도 아니라 느낄 때/ 파도에 밀려온 미역뗴기 하나도/ 게에게는 마지막 이유일 수 있다/ 티 안나는 인생도 훌륭한 인생이다", 그리고 쫄면과 피자를 각각 2행시로 푼 "쫄 바지도 못 입고/ 면 바지도 안 들어가"와 "피할 수 없다면 자연스럽게 내 뱃속으로 넣자"가 최우수상을 받았다.

2017년에는 "치킨은 살 안쪄요-살은 내가 쪄요"가 대상을 받았다. "피자는 둥그니까 자꾸 먹어 나가자-온 세상 어린이 일동", "배가 고픈걸까 집이 고픈걸까-집밥", "치킨을 맛있게 먹는 101가지 방법-101번 먹는다", "한끼 두끼 세끼 네끼 볶음밥! 볶음밥!-1일2배달", "수육했어 오늘도-보쌈달빛"이 공동으로 최우수상을 받았다. 그리고 "저는 위에서 시키는 대로 했을 뿐입니다-입", "함께였을 때 우린 항상 빛났었다-세트메뉴", "ㄱㄴㄷㄹㅁㅂㅅㅇㅈ치킨ㅌㅍㅎ-세종대왕님도 인정하셨다", "그래도 치킨은 온다-튀길 레오튀길레이", "사공이 많으면 배가 안 부르다-1인3닭", "등잔 밑이 혼자 먹기 좋다-금강산도 십분컷", "당신, 고기 있어줄래요?-육식주의자", "위(胃) 캔 두 잇-오장육부장관", "천고마블링의 계절-입맛은 언제나 가을" 등 20개의 카피가 우수상을 받았다.

2018년에는 "박수칠 때 떠놔라-회"가 영예의 대상을 받았다. 이어서 "가재는 게 편이고 나는 많이 먹는 편-꿀꿀", "내가 너로 완전히 뒤덮여 흔적도 없길-치즈 가루 많이 뿌려 주세요", "짜장면 식히신 분~?-혼나야지", "미듐, 소만, 사랑-우리집 가훈", "우리집 할머니는 입맛이 없다 하시며-자꾸 나이를 드신다"가 최우수상을 받았다. 그리고 "두드려라 그러면 커질 것이다-왕 돈까스", "자라 보고 놀란 가슴-솥뚜껑 삼겹살로 달랜다", "오래 고아야 예쁘다 너도 그렇다-설렁탕", "Chick Chick Pork Pork-세상에서 제일 행복한 기차"가 우수상을 받았다.

2019년의 제5회 배민 신춘문예에서는 "아빠 힘내세요 우리고 있잖아요-사골국물"이 대상을 받았다. 이어서 "난 한 방이 있어-삼계탕", "커보니/ 피할 수 없는 일들이 너무 많아요-그래서 오늘도 커피", "대창 무슨 소라를 한우 건조염통 모르겠네-내가 좋아하는 거 애기하는 거야"가 최우수상을 받았다. 그리고 "죽 쒀서 애줬다-이유식", "와 나 이 장면 진짜 좋아하는데-짜장면", "손이 많이 가는 스타일이네-새우깡", "마 니 고구마 맞나 -맛탕", "지금은 그만두지만 -우면 군만두", "너 명절에 어디가?-나시고랭"(나시고랭은 동남아시아 지역의 전통적인 볶음밥 요리임), "나물 위해 살지 않을 거야-고기주의자", "까만 우주 안에서 너를 만나는 건 큰 행복이야-짜장면 속 돼지고기", "당면 삼키고 쫄면 씹는다-즉석떡볶이", "안심하고 먹어-등심은 내 거니까"가 우수상을, "가장 낮은 곳에서 가장 고생했을 당신-누룽지"가 교보문고 특별상을 받았다.

배민 신춘문예의 누적 응모작은 2015년 이후 60만여 편, 2019년에만 24만 9천여 편이 접수됐다. 다시 말해서 그동안 응모작 숫자만큼의 사람들이 신춘문예에 응모하기 위해 배민 브랜드에 대해 '연구'했을 것이란 뜻이다. 이보다 더한 충성 고객들이 있을 수 있을까? 흥미롭게도 수상자에게는 현금이 아닌 치킨을 부상으로 주면서 브랜드의 상관성을

제1회 배민 신춘문예 대상작 (2015)

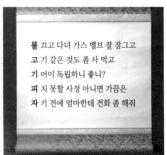

제2회 배민 신춘문예 대상작 (2016)

(좌) 제3회 배민 신춘문예 대상작 (2017)
(우) 제4회 배민 신춘문예 대상작 (2018)

제5회 배민 신춘문예 대상작 (2019)

다시 연결시켰다. 신문사의 신춘문예에서 떨어진 문학청년들과는 달리 배민 신춘문예의 낙선자들은 상실감이 덜하다. 당선되면 좋지만 안 돼도 그만이라는 생각으로 재미 삼아 응모하는 것이 배민 신춘문예의 매력이니까 말이다.

수상작들은 여러 소셜미디어 채널과 곳곳의 옥외광고에 게재되고, 앱, 블로그, SNS에서 이벤트를 통해 홍보된다. 당선작들은 인터넷 커뮤니티에서 폭발적인 인기를 얻었다. 온·오프라인에 게재된 수상작의 카피를 보며 배꼽을 잡을 분들이 많았을 것이다. "박수칠 때 떠놔라-회" 같은 기발한 상상력을 보라! 기존의 속담과 명언을 비틀어 표현한 패러디물이든 순수 창작물이든 관계없이 유머 감각이 돋보인다. 유머 감각으로 버무린 B급 감성은 배민 신춘문예 당선작의 보편적 특성이다. 카피 맛을 제대로 보여준 분들께서 앞으로 우리의 광고 카피를 더욱 비옥하게 살찌울 것이다.

웃음터지는 몬더그린 현상을 이용한 광고

외국어 발음이 우리말처럼 들릴 때가 있다. 외국어를 모국어로 착각하는 현상이다. 개그 프로그램이나 예능 프로그램에서 외국어 발음을 우리말처럼 비틀어 풍자하는 사례가 대표적이다. 이처럼 외국어 발음을 마치 우리말처럼 착각하는 몬더그린(Mondegreen) 현상[3]을 활용하는 광고가 늘고 있다. 패러디와는 본질적으로 다른 표현 기법인데, 몬더그린 현상이 대중문화 콘텐츠에 널리 활용되는 까닭은 언어유희를 재미있게 구사하기 때문이다.

롯데푸드의 돼지바 광고 '빨간 봉다리' 편(2014)을 보자. 브라질 월드컵 때의 축구 경기 중계 영상을 편집해 바이럴 광고를 만들었다. 광고에서는 중계하는 해설자의 이탈리아

---

3 위키백과 (2022). "몬더그린." https://ko.wikipedia.org/wiki/%EB%AA%AC%EB%8D%94%EA%B7%B8%EB%A6%B0?msclkid=3a7251a5b53f11ecaee6595e8e5e-9ca6

어 발음을 소리나는 대로 우리말로 자막을 입혔다. 축구선수 월터 사무엘이 이탈리아 세리에A에서 골 넣는 장면을 비롯해 경기의 여러 장면에 우리말 자막을 붙여 광고를 만들었다. 외국인이 등장하는 영상에서는 보통 자막을 번역해서 넣는데, 이 광고에서는 이탈리아어를 들리는 대로 한글로 표기했다.

영상에 이어지는 자막은 이렇다. "ㄸ꾸르마캬또삐ㄹ에수꿀라", "후르ㅁ꺄똘라삐쏭꼴라삐마드라", "ㅎ옹씨올라꾜난도귚르마몌ㅔㅖ", "꿀물~샀다!", "붸~ 산타클로스", "뭐? 바나나보다", "자메이카~붸ㄹㄱ~~", "골먹어 페르시아", "그래 뻔하게 봤다매", "싸이크로 써어어어", "빨간 봉다리~", "깠어 하나 또!!!", "또!!!", "우동보다 싸다매!!!", "깠어 하나 또!!!", "또!!!", "하나~~~ 돼지바", "깠어", "또 하나 까먹어!", "꼭!~~~~!", "꼭!~~~~!"

도대체 어느 나라 말인가? 알 것 같기도 하고 모를 것 같기도 하지만, 어쨌든 재미있다. 이탈리아 중계진의 흥분한 발음을 "빨간 봉다리('봉지'의 방언)~ 깠어 하나 또"라고 해석하고, 돼지바 봉지를 까먹는 그림까지 넣었다. "우동보다 싸다매(싸다면서)." 우동 그림을 설명하는 자막이다. "깠어", "또 하나 까먹어!", "꼭!~~~~!", "꼭!~~~~!" 돼지바를 하나 더 먹으라는 말이다. 유럽의 언어는 영어와는 다른 느

롯데푸드 돼지바의 광고 '빨간 봉다리' 편 (2014)

낌이라, 마치 우리말에 서툰 외국인이 한국어 발음을 하는 것처럼 들린다. 이처럼 광고에서는 이탈리아어의 몬더그린 현상을 활용해 돼지바를 알리는 메시지를 재미있게 전달했다. 이 광고가 인기를 끌자 롯데푸드는 "국사 시험 대박기원!!! 붐바스틱! 롯데 돼지바!" 같은 후속 광고를 만들어 또다시 인기를 끌었다.

다이어트와 건강식품 전문기업인 지알엔(GRN)의 광고 '지방 나와라' 편(2020)에서도 몬더그린 현상을 활용했다. 남아메리카 수리남에서 활동하는 산그라푸(Sangrafu) 밴드의 노래 〈나 원 라이(Na wan ray)〉(2012)를 활용해서 광고를 만들었다. 우리말처럼 들리는 노래 가사를 거의 그대로 활용했다. 원곡의 가사는 이렇다. "제발 나와라예 나와라요 나와라 이제/ 나와라 이노무 곤드레 나와라요/ 나와라이 나와라이 나와라요/ 나와라이 곤드레 나와라이/ 제발 나와라 이제 나와라 몰라 이제 나도 이제/ 나와라 이제 곤드레 마니 나와알라오오~ (중략) ~나와라이 나와라이 나와라요/ 나와라이 곤드레 나와라이."

외국 노래인데도 우리말처럼 들린다. 수리남에서 쓰는 크리올어의 하나인 '사마칸어'로 쓴 노랫말이다. 광고에서는 노랫말의 원어 발음을 표기하고 소리 나는 그대로 우리말 자막을 넣었다. 자막으로 쓴 카피를 살펴보자. "지방 나

지알엔의 광고 '지방 나와라' 편 (2020)

와라에", "나와라요", "나와라 이제!", "나와라 이제!", "나와라 이누마", "나와라", "다이어트엔 GRN+." 〈나 원 라이〉 노래가 흐르는 동안 가수 소유 씨가 광고 모델로 나와 우아한 자태로 춤을 춘다. 고대 신화에 등장하는 여신의 면모다.

광고물은 고대, 고대+현대, 현대라는 3가지 버전으로 제작됐다. 우리말이라고 착각하게 하는 노랫말과 신비로운 멜로디는 묘한 중독성이 있다. 광고가 나가자 방송 출연자들은 "나와라~ 제발 나와라~"를 흉내 내며 시청자를 즐겁게 했다. 유튜브를 비롯한 소셜 미디어에서도 '나와라' 콘텐츠가 인기몰이를 했다. 광고의 인기는 원곡에 대한 관심으로 번져 〈나 원 라이(Na wan ray)〉 원곡에만 265만 개의 댓글이 한글로 달렸을 정도다.

몬더그린은 미국 작가 실비아 라이트가 〈레이디 몬드그린의 죽음(The Death of Lady Mondegreen)〉이라는 에세이에서 어릴 때의 착각을 소개하면서부터 알려졌다. 그녀는 유년 시절에 스코틀랜드 민요인 〈머리의 잘생긴 백작(The Bonny Earl of Murray)〉을 어머니가 들려줬다고 했다. 그런데 그녀는 가사 중의 "and laid him on the green(그리고 그를 풀밭에 눕혔네)"이란 구절을 "and Lady Mondegreen(그리고 레이디 몬더그린)"으로 들었다고 고백했다.

그때부터 몬더그린이 착각이란 의미로 쓰이다가 2008년에 웹스터사전에 정식 단어로 실렸다. 몬더그린이란 외국어 발음을 모국어 발음처럼 들어 착각하는 현상이니, 우리말로는 '엇들음'이나 '엇듣기' 정도가 되겠다. 숙박 앱인 야놀자 광고(2020)에서도 힙합 가수의 〈사이먼 도미닉〉(2015)

이란 노래에서 "사이먼, 사이먼 도미닉(Simon, Simon Dominic)" 부분을 "쌓이면, 쌓이면 돈이니"로 개사해 몬더그린 현상을 일부러 만들었다.[4]

몬더그린 현상은 우리네 일상생활에서 앞으로도 얼마든지 나타날 수 있다. 팝송 구절에서 너무 빨리 지나가는 부분을 우리말처럼 대충 얼버무리는 경우도 종종 발생한다. 일상생활에서 몬더그린 현상을 활용하면 유머 감각을 살릴수도 있다. 때로는 사람들에게 웃음보따리를 안겨주기도 할 테니 일종의 말장난이 먹히는 셈이다. 어쨌든 진중하고 무거운 말만 늘어놓기보다 재미있게 말장난을 하면서 발길질하듯 '말길질'을 늘어놓을 때 사람들이 모인 자리는 더 유쾌해진다.

4　서미영 (2020. 8. 4.). "몬더그린 현상 활용해 재치있는 언어유희 선봬: 펀슈머 마음 사로잡은 말장난 마케팅 열풍." 조선일보. http://digitalchosun.dizzo.com/site/data/html_dir/2020/08/04/2020080480217.html

"쓱" 신조어로 말 장난하는 재미

지루하게 살기에는 인생이 너무 짧다. 몸짓이나 표정 같은 비언어적 소통도 있지만 인간은 서로 대화를 하면서 소통 활동을 한다. 일상생활의 거의 전부가 언어생활이라 해도 과언이 아니다. 언어적 소통에서 중요한 것이 유머나 말장난이다. 늘 진지한 말만 주고받는다면 그 대화가 얼마나 단조롭고 무미건조할까? 광고에도 유머 광고라는 장르가 있는데, 즐겁게 보라는 뜻에서 많은 광고가 유머를 활용한다.

에스에스지닷컴(SSG.COM)의 영상 광고 '압도적 쓱케일' 편(2020)은 유머 광고의 새로운 스타일을 제시했다. 고객이 상품을 주문한 다음에 일어나는 이야기로 시작되는 광고의 첫 장면에 새벽녘의 쓱 배송차가 보인다. 노란색 차의 길이도 압도적 스케일이다. 배송차가 고객 집 앞에 도착하면 차량 화물칸이 열리고 공효진 씨가 등장해 함께 출연한 배우 공유 씨에게 주문 목록을 외친다. 공효진 씨는 배송 물품을 검수하는 매니저 역할을, 배송차의 화물칸에서 대기하는 공유 씨는 배송을 준비하고 챙기는 역할을 맡았다.

공효진 씨가 "당근"이라고 외치자 공유 씨는 밭에서 당근을 뽑아 흔들며 "당근"이라고 복창하고, "식빵"을 요청하자 공유 씨는 빵 굽는 화덕에서 식빵을 꺼내 옮기며 "식빵"이라고 따라하며 씩 웃는다. "우유"를 요청하자 젖소에서 막 짜낸 유유 뚜껑을 닫으며 "우유" 하고 말하며, 공효진 씨가 "쌀" 하니까 공유 씨는 잠시도 망설이지 않고 논에서 누렇게 익어가는 벼를 낫으로 베며 "쌀"이라고 복창한다. 공효진 씨가 "고등어"하고 말하자, 공유 씨는 낚싯대를 드리운 채 "5분만... 5분만 기다려. 오! 입질, 입질, 입질... 입질..." 하며 씽긋 웃는다.

밭, 화덕, 젖소, 논, 낚시 같은 모든 배경이 화물칸 안에 설치돼 있다. 신선 식품을 강조하려고 배경을 그렇게 만들었다. 고등어 낚기를 기다리며 공효진 씨가 근엄한 표정을 짓는 사이 고등어를 포함한 주문품이 '새벽배송'이라 쓰인 바구니에 담겨 현관 문 앞에 배달된다. 딩동, 초인종이 울리며 도착했음을 알린다. 공유 씨는 이제 갓 뽑은 당근을 들어 올린다. 그 순간 "새벽배송의 압도적 쓱케일"이란 자막과 내레이션이 동시에 나오며 광고가 끝난다. 장면과 장면이 이어지는 동안에 영화《괴물》의 OST인 〈한강 찬가〉가 흘러

SSG.COM의 광고 '압도적 쓱케일' 편 (2020)

광고 메시지에 더 집중하게 된다.

이 광고에서는 소비자들이 주문한 물품을 압도적으로 신선한 상태로 집 앞까지 배송한다는 메시지를 말장난(언어유희)으로 유머러스하게 표현했다. 광고 라이브 이후 소비자들은 엄청난 호응을 보내왔다. 유튜브에 영상을 올린 이후 현재까지 조회 수 630만 회 이상을 넘겼을 정도로 화제가 되고 있다. 2,700여 점이 출품돼 경쟁했던 2020년 대한민국 광고대상에서 이 광고는 TV영상 부문과 디지털 영상 부문 모두에서 대상을 받았을 정도로 작품성을 인정받았다. 앞에서 살펴본 광고 이외에도 '압도적 쓱케일'의 모든 시리즈 광고가 재치 있는 말장난을 시도해 호평을 받았다. 시리즈의 다른 광고에서는 항공권, 과일, 의류, 액세서리까지 담는 장면을 유쾌한 말장난으로 표현했다.

광고의 구조는 간결하다. 주문 사항을 검수하는 매니저의 지시대로 배송품을 준비하고 챙기는 것이 전부다. 특별한 반전의 묘미가 없는데도 광고가 재미있다. 새벽배송 서비스라는 콘셉트를 단조롭게 설명하지 않고 언어유희(wordplay) 기법을 효과적으로 활용했기에 유머 코드가 살아났다. 사실 2016년 초에 나온 광고에서 공효진과 공유는 SSG.COM을 '에스에스지닷컴'이라는 일곱 글자로 읽지 않고 '쓱'이라고 한 글자로 읽는 기발한 독법을 보여줬다. 광고

창의성이란 이런 것이다. 한 글자로 줄이면서 배송도 빠르다는 의미를 담아 '쓱'이라고 부른 놀라운 상상력. '쓱'은 모바일 앱으로 손가락만 쓱 움직여 쇼핑 장면을 연상하게 하면서도 주문한 물건을 재빨리 배달한다는 사실까지 함축적으로 담고 있다.[5] 중의적 의미의 '쓱'은 선풍적인 인기를 끌며 사회적으로도 엄청난 반향을 불러일으켰다.

그리고 '쓱'에서 한발 더 나아가 '쓱케일'이란 신조어를 알리는 데도 기여했다. 이는 쓱(SSG)과 스케일(scale)을 합쳐 만들었는데, 그냥 스케일이 아닌 압도적 규모의 상품이 많다는 의미를 담은 압도적 스케일이다. 누구나 짐작할 수 있듯이 '쓱케일'은 '스케일'의 말장난이다. 우리는 보통 안목이 크고 도량이 넓은 사람을 스케일이 큰 인물이라고 말한다. 영어 단어지만 온 국민 모두가 거의 일상어로 쓰는 말이다. 광고 창작자들은 기존의 '쓱'을 발전시켜 이토록 재미있는 말을 만들어냈다.

이 말장난은 젊은이들의 언어 감각과도 맞아 떨어졌다. 말을 짧고 간단히 줄여 쓰는 현상을 굳이 언어의 경제성을 추구한다며 칭찬할 필요까지는 없겠지만, 어쨌든 젊은이들

5　김기만 (2020. 10. 9). "사명의 기원 8: 신세계 쇼핑몰 '쓱닷컴'." 한국경제. https://www.hankyung.com/economy/article/2020100922171

의 신조어를 만드는 방법이 그렇다. 핵인싸(핵+insider, 무리 안에 섞여 잘 노는 사람), 얼죽아(얼어 죽어도 아이스 아메리카노), 꾸안꾸(꾸민 듯 안 꾸민 듯), 뇌피셜(뇌+official, 내 머릿속에서 나온 공식적인 입장) 같은 단어들을 보면 가히 언어의 사회학이라 할만하다.

신조어인 '쓱'에서 시작된 언어유희는 '쓱세권'이나 '쓱케일' 등으로 확장됐다. 쓱세권은 온라인으로 주문해 편하게 받을 수 있는 새로운 상권을 뜻한다. 이는 역 주변의 역세권과 편의점 인근의 편세권 같은 장소 중심의 상권과는 다른 차원이다. '쓱배송'의 성공에 힘입어 간편 결제 서비스는 '쓱페이'로까지 불리고 있으니, '쓱'이라는 말장난이 어디까지 확장될 것인지 지켜보는 재미가 쏠쏠할 듯하다.

소비자에게 강제로 노출하던 광고의 시대는 끝났다. 이제, 광고도 소비자가 선택하는 시대가 됐다. 만약 재미가 없다면 싸늘하게 외면당한다. 우리네 일상생활도 마찬가지다. 같은 뜻을 전달할지라도 재미있게 말하는 방법은 너무 많다. 다시 강조하지만, 지루하게 살기에는 우리 인생이 너무 짧다. 침묵은 금이라는 속담도 이제는 수정되어야 한다. 우리 시대의 금은 침묵이 아닌 상대방을 웃게 만드는 유머 감각이다.

말이 없어 더 강해진 메시지

아무 말도 하지 않을 때 메시지는 더 강력해진다. 때로는 아무 말도 하지 않는 침묵이 더 강력한 웅변으로 작용하기도 한다. 그렇다면 광고에서는 침묵이 어떻게 활용될까? 광고는 더 많은 소비자들에게 더 널리 알리려는 시도로 진행된다. 그런데 대사나 내레이션도 없이 자막으로만 전달하는 광고가 있다면 어떨까? 넘으면 안 되는 광고의 선을 넘어버린 흥미로운 접근 방법이다.

롯데카드 로카의 광고 '선 넘은 카드' 시리즈(2020)를 보면 대사나 내레이션 같은 음성은 없고 오직 자막만 있다. 굳이 소리를 찾는다면 배경 음악과 끝부분에 "최선을 다해 선 넘은 카드‒ 로카, 롯데카드."라는 브랜드 슬로건만 있다. 영상은 조용히 흘러갈 뿐이다. 배우 다섯 명이 한 사람씩 등장해 5편의 시리즈로 이어가는 이 광고는 카드가 너무 유명해질까봐 자막으로만 알리겠다고 했다. 역발상이 흥미롭다.

롯데카드는 2020년에 로카(LOCA)라는 새로운 브랜드 정체성(BI)을 발표했다. 스페인어로 '미친'이란 뜻의 로카는 롯데카드의 줄임말이자 '미친 듯이 행복한 삶(La Vida Loca)'이라는 의미를 갖고 있다. 이전에는 카드 합산의 혜택을 받으려면 각자가 실적 조건을 일일이 계산하고 심지어는 실적을 달성하기 위해 불필요한 지출도 해야 했다. 하지만 범용카드인 '로카'와 맞춤형 혜택 카드인 '로카 포(for)'를 함께 발급받으면 카드 두 장을 쓴 실적이 자동으로 합산돼 더 큰 혜택을 누릴 수 있다는 것이 핵심 메시지였다.

첫 번째 광고인 '슬기로운 소비' 편에서는 김응수 씨가 체스놀이를 하다가 체스판을 엎어버리고 갑자기 일어난다. 마음속에 있는 불만을 쏟아낼 것 같은데 결국 아무 말도 하

로카의 광고 '슬기로운 소비' 편 (2020)

지 않고 억울하다는 몸짓만 보여준다. 그러는 사이에 이런 내용이 자막으로 흘러간다. "할인 혜택 놓쳤다고 억울해하지 마세요/ 라고 말하고 싶지만/ 카드가 너무 유명해질까 봐 이렇게 자막으로만./ 슬기로운 소비를 위한 카드 매니저/ 최선을 다해 선 넘은 카드- 로카(LOCA), 롯데카드."

두 번째 광고인 '최대 6만원 할인' 편에서는 이주영 씨가 전화기를 들고 누군가와 통화하고 있다. 미소 띤 표정으로 봐서 뭔가 좋은 일이 있어 수다를 떨 것 같은데 아무 말도 하지 않고 웃음 띤 모습만 이어진다. 시종일관 수화기를 붙잡고 있는 동안에 혜택을 알리는 자막만 느리게 흘러간다. "카드 할인이 한 달 최대 6만원/ 이라고 말하고 싶지만/ 카드가 너무 유명해질까 봐 이렇게 자막으로만./ 한 달 최대

로카의 광고 '최대 6만원 할인' 편 (2020)

6만원 할인/ 최선을 다해 선 넘은 카드- 로카, 롯데카드."

세 번째 광고인 '마이너스 카드' 편에서는 진경 씨가 화장대 앞에 앉아 있다가 갑자기 일어나 거실 쪽으로 걸어온다. 팔짱 낀 채 한 마디 할 것 같은데 역시 아무 말도 하지 않는다. 대신에 자막이 흘러가며 그녀가 하고 싶었던 말을 대신 전달했다. "마이너스 통장 쓰듯이 마음대로 뺐다 넣었다 쓰세요/ 라고 말하고 싶지만/ 카드가 너무 유명해질까 봐 이렇게 자막으로만./ 마음대로 넣고 뺄 수 있는 마이너스 카드/ 최선을 다해 선 넘은 카드- 로카, 롯데카드."

네 번째 광고인 '두 장의 카드 실적' 편에서는 김동희 씨가 혼자서는 절대 먹지 못할 만큼의 엄청난 음식을 시켜놓고 접시에 있는 음식을 쏟아버리기도 했다. 끝끝내 한 마디

로카의 광고 '마이너스 카드' 편 (2020)

말도 없다. 혼자서 난감해하는 사이에 카피가 자막으로 스쳐간다. "카드 전월 실적 쌓느라고 억지로 드시지 않으셔도 됩니다/ 라고 말하고 싶지만/ 카드가 너무 유명해질까 봐 이렇게 자막으로만./ 두 장의 카드 실적에 금융 실적까지 더해주는 로카/ 최선을 다해 선 넘은 카드– 로카, 롯데카드."

다섯 번째 광고인 '혜택은 두 장만큼' 편에서는 조정석 씨가 혼자서 뭐라고 중얼거리며 발로 허공을 차기도 했다. 실내를 돌며 답답해하기에 뭐라고 한 마디 하나 싶었는데 끝내 입을 열지 않는다. 스쳐가는 자막을 보고나서야 침묵의 이유를 알 수 있다. "세트처럼 실적은 합치고 혜택은 두 장만큼 누리는 로카/ 라고 말하고 싶지만/ 카드가 너무 유명

로카의 광고 '두 장의 카드 실적' 편 (2020)

로카의 광고 '혜택은 두 장만큼' 편 (2020)

해질까 봐 이렇게 자막으로만./ 두 장의 혜택을 세트로 누리는 카드/ 최선을 다해 선 넘은 카드- 로카, 롯데카드."

시리즈 광고에서는 선 넘은 카드의 혜택을 절묘하게 표현했다. 많은 혜택을 한마디로 표현하기 어려웠을 텐데, 광고 창작자들은 부정적인 뉘앙스가 있는 '선을 넘다'를 긍정적 가치로 바꿈으로써 강력한 메시지를 만들어냈다. 다섯 편의 광고는 마치 영화의 한 장면 같아 곧 개봉할 영화의 예고편으로 착각할 수도 있다. 강한 부정은 강한 긍정이라는 말도 있지만 이 광고에서는 메시지를 숨김으로써 오히려 로카를 두드러지게 했다.

"언어는 위대하다. 그러나 침묵은 더 위대하다." 토마스 칼라일(Thomas Carlyle, 1795-1881, 영국의 평론가이자 사상가)의 명언이다. 떠들지 않고 자막만으로 브랜드 메시지를 전달하겠다는 은폐의 전략이 오히려 노출의 효과를 높였다. 소셜 미디어에 타인들이 올린 콘텐츠를 보며 남들은 다 행복한데 자신만 불행하다고 느끼며 카페인(카카오톡, 페이스북, 인스타그램) 우울증을 겪는 분들이라면 침묵의 소중한 가치를 알아두면 좋다.

패러디 광고의 진수, '무한 광고 유니버스'

디지털 시대에 접어들어 광고의 본질은 '널리 알리는 목적'에서 '폭넓게 모이게 하는 목적'으로 변했다. 사람들은 재미없는 광고를 좀처럼 거들떠보려 하지 않는다. 소비자를 폭넓게 모이게 하려면 재미는 필수 요소다. 특히 MZ세대들은 재미만 있다면 광고라 생각하지 않고, 어떤 문화 콘텐츠로 여기고 즐기는 경향이 있다. 광고 말고도 재미를 유발하기 위해 수많은 패러디물이 등장하는 상황에서 어지간해서는 사람들을 웃게 할 영상 만들기가 쉽지 않다.

KCC창호의 광고 '무한 광고 유니버스에 갇힌 성동일' 편(2021)에서는 누구나 알만한 지나간 광고들을 패러디해서 제품의 특성을 전달했다. 이 광고에는 소비자들에게 친숙한 예전 광고들이 많이 등장한다. 개비스콘, 경동보일러, 2%부족할때, 맥심 카누 라떼, 바디프렌드, 꽃을 든 남자, 스팸, 리챔, K2, 신라면, KT 5G 등이다. 널리 알려진 지나간 광고들을 패러디해 어떻게 해서든 KCC창호의 특성으로 연결시킨 상관성이 광고를 본 소비자들에게 깨알 재미를 유발하는 핵심 요인이다.

"창을 한번 바꿔보시죠"하며 배우 성동일 씨가 등장하며 첫 장면이 시작되자 텔레비전에서 KCC 광고가 나왔다. "저 저… 광고 봐라. 요즘 저런 광고 누가 봐?" 잠시 후 식탁에 앉은 남편이 답답함, 속터짐, 울화통이 터진다고 하자 아내는 "답답하시다구요?" 하며 물었다. 옥시레킷벤키저의 '개비스콘' 광고를 패러디하는 장면이다. 인터넷 커뮤니티에서 답답하던 상황이 풀렸다는 뜻으로 자주 쓰이던 '짤'의 원본을 활용해 "속 시원하게 세상을 연결하는 창"이라는 카피로 연결한다. 곧이어 어느 노부부가 방안에서 "추운데 애들이 고생이나 안 하는지… 원."하자, "여보, 아버님 댁에 창 하나 놔드려야겠어요."하는 자막이 나오는데, '경동보일러' 광고의 한 장면이다. 이어서 "따뜻하게 세상을 연결하는 창"이라는 카피로 다시 연결했다.

남자 친구가 "너 만나고 제대로 되는 일이 하나도 없어! 가! 가란 말이야. 가라고!!"하자, 여자는 현관문을 쾅 닫고 집 안으로 들어와 버린다. 그러자 밖에서 떠드는 남자 친구의 목소리는 들리지 않고 "조용하게 세상을 연결하는 창"이라는 카피로 연결된다. 롯데칠성의 '2%부족할때' 광고를

KCC창호의 광고 '무한 광고 유니버스에 갇힌 성동일' 편

패러디한 장면이다. 성동일이 고급 의자에 앉아 "어우 시원해!" 하는 장면은 "편하게 세상을 연결하는 창"이라는 카피로 연결했다. BTS가 등장했던 '바디프렌드'의 광고를 패러디한 것이다. 남자 둘이 스쳐지나가다 어깨를 부딪쳐 분위기가 심상치 않은데 상대방이 성동일 씨를 보며 "피부가 장난이 아닌데?"하자, 성동일 씨는 "창 하나 바꿨을 뿐인데."라고 응수한다. 축구선수 안정환 씨가 등장했던 '꽃을 든 남자' 로션 광고에서 카피를 따왔다. "자외선 걱정 없이 세상을 연결하는 창"이라는 자막이 이어진다. 장면이 바뀌고 광고 촬영장에서 "컷, 성동일 씨 방금 좋았습니다."하는 순간 코디가 머리를 매만지며 "근데 이거 화장품 광고에요 창호 광고에요?"하며 묻는데, 광고 촬영이 끝났다는 사실을 암시한다.

사람들은 보통 원하는 영상을 보기 전에 강제로 나오는 6초짜리 유튜브 광고도 지겹다며 빨리 지나가기를 바란다. 이런 상황에서 유튜브용의 3분짜리 광고는 길어도 너무 길다. 패러디 영상으로만 단순하게 3분을 채웠다면 지루했을 것이다. 창호라는 제품은 젊은 세대와 심리적 거리감이 있기 때문에 어떤 메시지를 전달하더라도 공감하기가 쉽지 않을 것이다. 그래서 광고회사 TBWA의 창작자들은 사람들이 지루해하면서 중간에 광고를 중지하지 않게 하려고 광고의 사이사이를 세심하게 설계하고 이런저런 재미 요소를 배치했다.

끝난 줄 알았는데 끝난 게 아니었다. 광고가 계속된다. "올 겨울도 스타일리시하게."하며 멋진 모델들이 창밖에 뛰어가는 모습이 보이는가 싶더니 "스타일리시하게 세상을 연결하는 창"이라는 카피로 연결했다. 박서준 씨가 등장했던 'K2' 광고를 패러디한 장면이다. KT의 '5G 슈퍼플랜' 광고를 패러디해서 "데이터 무제한~"이라는 다소 엉뚱한 카피가 나오나 했더니 "무제한으로 세상을 연결하는 창"이라는 자막이 나온다. 맥심의 '카누 라떼' 광고처럼 "음~ 콜롬비아 원두향~"이라는 카피와 함께 "콜롬비아 원두와 세상을 연결하는 창"이라는 카피로 연결했다.

손흥민 씨가 출연했던 농심 '신라면' 광고의 한 장면처럼 성동일 씨는 "아우~ 얼큰하다~"하며 라면을 먹는데 "얼큰하게 세상을 연결하는 창"이라는 자막이 나왔다. "창호랑 얼큰한 거랑 뭔 상관이야?"하고 반문하자 곧바로 "빵 터지게 세상을 연결하는 창"이라는 카피로 연결했다. CJ제일제당의 '스팸' 광고에서는 이미지를 따오고 동원FnB의 '리챔' 광고에서는 카피를 가져와 흰 쌀밥에 스팸을 얹어 놓고 "짜지 않게 세상을 연결하는 창"이라는 카피로 연결했다. 감독이 "자~ 숏 들어가실 게요."하자, 성동일 씨는 "광고가 언제 끝날지 궁금하시죠? 그렇다면 창을 한번 바꿔보시죠. 우수한 단열과 방음 성능으로. 세상하고 대체 몇 번을 연결하는 거야."라고 말하며 광고가 끝난다.

이 광고에서는 유명한 광고에서 아이디어를 얻었다는 점을 숨기지 않고 드러냈다. 표절이 아니고 패러디의 본질을 지켰다는 뜻이다. 광고가 끝난 후 마지막에 "웃음과 감동으로 세상을 연결한 대한민국 명 광고들에게 감사드립니다"라는 카피를 덧붙임으로써 패러디임을 분명히 밝혔다. 창호와 무관해 보이는 광고 소재도 어떻게든 창호의 특성으로 연결하는 응용력이 탁월하다. 이 광고는 유튜브에 노출된 지 한 달 만에 조회수 800만회를 넘었고, 2021년에 접어들어 자이언트펭TV에서 인기 캐릭터 '펭수'가 이 광고를 패러디했다. 원작 광고들은 패러디 광고에 이어 재패러디까지 당하는 행운을 누린 셈이다.

무엇이든 연결하고 이어주는 생각의 경첩이야말로 창의성과 놀라운 발상의 원천이다.[6] 패러디물이 많은 상황에서 패러디로 주목을 끌기는 쉽지 않다. 누구나 알 수 있고 소비자들이 좋아할만한 유명한 광고를 선정해서, 원작 광고를 얼마나 절묘하게 재해석하느냐에 따라 패러디의 성공 여부

---

6 한젬마 (2019). 『한젬마의 아트 콜라보 수업』 서울: 비즈니스북스. 16쪽.

가 달려있다. 깨알 같은 재미 요소를 놓치지 않는 것도 패러디 광고의 성패를 결정한다. 창의적으로 재해석한 패러디 광고들이 더 많이 나와 사람들에게 즐거움을 주었으면 한다.

언어유희의 끝판왕, 퓨전 사극 '소비마마'

언어유희는 광고와 대중문화를 지탱하는 양념과 같다. 방송 드라마나 광고 콘텐츠에서 말장난을 얼마나 재치 있게 하느냐에 따라 재미 여부가 결정된다. 언어유희에 널리 쓰이는 동음이의어법(同音異義語法, homonym)이란 발음은 같아도 의미는 다른 단어를 적절히 조합해 익살스럽게 표현하는 수사법이다. 양념에 따라 음식 맛이 달라지듯 말의 양념에 따라 말맛도 달라진다.

신한카드의 광고 '소비마마' 편(2020)에서는 소비자에게 소품과 등장인물의 명칭으로 말장난을 걸었다. 동음이의어법을 써서 언어유희를 시도했다. 궁궐의 편전에 왕이 행차하는 장면에서 광고가 시작된다. "주상전하 납시오." 앞서 대기하던 소비마마는 눈을 흘기며 임금을 맞이한다. 더 호화로워진 편전을 둘러보던 임금이 "이게 다 무엇입니까? 인테리어를 또 바꾸신 겁니까?"하며 따지자, 소비마마는

"이게 다 왕실의 위엄을 세우기 위함입니다."라며 대꾸한다. 임금이 "불란서 원삼에다가 신발까지 또 사셨습니까?" 하자, 왕비는 "그러는 주상도 못 보던 신발입니다?"하며 한 치도 물러서지 않는다. 임금이 "이렇게 막 나가시면 다른 비들은 어쩌라고 그러십니까?"라고 다그치자, 몸이 아픈 '병원비', 졸면서도 공부하는 '교육비', 고봉밥 먹는 '외식비' 같은 여러 비들이 줄줄이 등장한다. "다른 비들은 내 알 바 아닙니다." 소비마마의 싸늘한 말투가 매섭다.

이어서 외국인 택배기사가 등장해 "소비... 마마 씨?"하고 물었다. "임금) 저 자는 또 누구인가?", "신하) 아마... 존(John)인 듯하옵니다.", "자막) 착불. 2,500원." "임금) 이 와중에 해외 직구까지? 안 되겠다. 관리들은 모두 안으로 들라!", "자막) 자산관리, 예산관리, 신용관리, 혜택관리, 주간관리.", "임금) 내, 임금의 권한으로 다음과 같이 이르노라. 그대들은 앞으로 늘, 늘, 소비를 관리하도록 하라!", "왕비) 아니 된다!!!", "자막) 전체 소비 56만 원에서 64만 원으로 증가! 수치폭격. 주간관리.", "신하) 자산 총액이 0원이옵니다. 팩트폭격 자산관리.", "신한카드 ○○카드 □□카드 결제 예정금액이 토탈 345만 원이옵니다! 토탈폭격 예산관리.", "왕비) 자꾸 나를 가로막는 그대들은 누구인가!", "신하) 신, 한페이판이옵니다. 간편 결제하면서 (주월간 소비 진단 리포트) 동시

신한카드의 광고 '소비마마' 편 (2020)

에 소비관리까지 되는 (소비자산 현황 통합 조회) 신한페이판으로 (카테고리 별 소비내역 관리) 늘 소비할 때마다 늘 소비 관리하시옵소서.", "내레이션) 신한 PayFAN. 신한카드."

광고의 구성이나 말장난의 수준을 봤을 때, 이쯤 되면 광고가 시공간을 뛰어넘는 퓨전 사극이자 '궁중소비실록'에 가깝다. 광고에서는 유머 코드를 살린 동음이의어법을 써서 임금, 비용, 자산관리 등을 의인화했다. 은유법이 의미의 유사성을 이용하는 표현 기법이라면, 동음이의어법에 의한 익살스러운 말장난은 소리의 유사성을 활용하는 기법이다.[7] 익살에 이용된 단어는 대체로 두 가지 이상의 서로 다른 의미를 가지며, 단어의 의미를 어떻게 해석하느냐에 따라 문장 전체의 뜻이 달라진다.

임금은 월급을 뜻하는 임금(賃金)으로, 왕의 아내인 비(妃)는 비용을 뜻하는 비(費)로, 왕비마마가 아닌 소비(消費)마마로, 녹봉을 받고 조정에 봉사하던 관리(官吏)는 금융자산을 운용하는 관리(管理)로, 포복절도할 말장난을 시도했다. 임금 앞에 소환된 자산관리, 예산관리, 신용관리, 주간관리, 혜택관리 같은 말장난을 적절히 시도함으로써 신한페이판과의 상관성을 높였다. 임금이 "이렇게 막 나가시면 다른 비(妃, 費)

---

7   김병희 (2007). 『광고카피창작론』. 파주: 나남.

들은 어쩌라고 그러십니까?"라고 다그치자, 소비마마가 '병원비', '교육비', '외식비' 같은 "다른 비들은 내 알 바 아닙니다."라며 응수하는 대목에서는 언어유희의 극치를 보여준다. 임금과 소비마마의 갈등 상황에서 여러 관리들이 등장하는 상황은 잊지 못할 퓨전 사극의 한 장면이다.

소비마마 역의 장영남 씨는 일부러 심각하게 연기했다. 보는 사람 입장에서는 그럴수록 더 재미있을 수밖에 없다. 임금 역의 조병규 씨를 비롯한 다른 광고 모델들도 쓸데없이 진지하게 연기하는데 그럴수록 더 웃긴다. 소비마마의 화려한 구두나 임금님의 에어 운동화 같은 소품도 광고의 완성도를 높였다. 외국인 택배기사의 이름을 아마존(amazon.com)을 연상시키는 '아마 존(John)'으로 부르고 "착불. 2,500원"을 자막으로 제시하는 것은 깨알 같은 재미 요소다. 소비마마의 무분별한 소비생활을 바로잡아 줄 젊은 신하가 등장하며 자신을 소개하는 대목도 잊지 못할 명장면이다. "신, 한페이판이옵니다." 신한페이판(PayFAN)에서 '신'과 '한' 사이에 쉼표를 넣어 "신(臣), 한페이판"이라고 소개했다. 단어 쪼개기의 말장난을 시도한 것이다. 언어유희의 달인급이다.

신한페이판은 신한카드의 간편 결제 서비스인 판페이를 기반으로 하는 금융 서비스다. 단순히 결제 서비스만 제공하는 것이 아니라 개인의 자산관리사 같은 역할도 수행한다는 것이 다른 서비스와의 차별점이다. 광고에서는 소비자들의 다양한 지출 형태를 소비와 기타 비용으로 규정하고, 신한페이판 플랫폼의 다양한 관리 기능을 광고 메시지로 표현했다.[8] 갈등 구조를 바탕으로 전개되는 정통 사극에서처럼, 광고에서도 신한페이판의 혜택을 적재적소에 자연스럽게 녹여 갈등을 봉합하려 한다. 그래서 메시지를 일방적으로 전달한다는 느낌이 없다. 광고를 노출한지 3주 만에 유튜브 영상에 대한 조회수가 700만을 넘어섰고, 소셜 미디어에서도 6,000여 건이 넘는 댓글이 이어졌다.

언어유희는 광고에서 뿐만 아니라 일상생활에서도 대화를 맛있게 이끌어갈 양념이다. 언어유희에서 나오는 뜻밖의 의외성이 농담의 핵심 원리다. 늘 진지한 대화만 하고 살기에는 우리 인생이 너무 짧다. 유머러스하게 살기에도 인생이 짧은 마당에 진지한 대화만을 계속 들어줘야 할 이유도 없다. 유튜브를 비롯한 디지털 플랫폼에서도 콘텐츠를 만드는 핵심 요인으로 의외성을 꼽는다. 뜻밖의 언어유희로 의외성을 살려보자.

---

8   이동수 (2020. 9. 4). "시공간을 뛰어넘는 퓨전사극! 신한카드 신한페이판 소비마마 캠페인 후기." HSAdzine. https://blog.hsad.co.kr/2944

김병희 교수의 광고 읽는 습관

초판 1쇄 발행 2022년 11월 21일

지은이 김병희

펴낸이 김옥정
만든이 이승현
디자인 디스커버

펴낸곳 좋은습관연구소
주소 경기도 고양시 후곡로 60, 303-1005
출판신고 2019년 8월 21일 제 2019-000141
이메일 buildhabits@naver.com
홈페이지 buildhabits.kr

ISBN 979-11-91636-46-8

좋은습관연구소에서는 누구의 글이든 한 권의 책으로 정리할 수 있게 도움을 드리고 있습니다.
메일로 문의해주세요.

네이버/페이스북/유튜브 검색창에 '좋은습관연구소'를 검색하세요.